郎咸平的Today经济学　一个中国经济学家的良心话

郎咸平说

我们的日子为什么这么难

为什么我们的收入这么低？
为什么我们的物价这么高？
为什么我们的企业过得这么难？

郎咸平 著

东方出版社

图书在版编目(CIP)数据

郎咸平说:我们的日子为什么这么难/郎咸平著.—北京:东方出版社,2010

ISBN 978-7-5060-3981-9

Ⅰ.①郎… Ⅱ.①郎… Ⅲ.①经济发展—经济模式—研究—中国 ②环境污染—研究—中国

Ⅳ.①F120.3

中国版本图书馆 CIP 数据核字(2010)第 170838 号

郎咸平说:我们的日子为什么这么难

作　　者:郎咸平
责任编辑:姬利 黄晓玉
出　　版:东方出版社
发　　行:东方出版社 东方音像电子出版社
地　　址:北京市东城区朝阳门内大街 166 号
邮政编码:100706
印　　刷:北京智力达印刷有限公司
版　　次:2010 年 10 月第 1 版
印　　次:2010 年 10 月第 1 次印刷
开　　本:710 毫米×1000 毫米 1/16
印　　张:16
字　　数:180 千字
书　　号:ISBN 978-7-5060-3981-9
定　　价:32.00 元

发行电话:(010)65257256　65246660(南方)
　　　　　(010)65136418　65243313(北方)
团购电话:(010)65245857　65230553　65276861

版权所有,违者必究 本书观点并不代表本社立场
如有印装质量问题。请拨打电话:(010)65266204

目 录

序言 …………………………………………… 9

第一部分　为什么我们的生活这么难 ………… 15

第一章　为什么我们的收入这么低 …………… 17
　一、最长的工作时间 VS 最低的工资收入 …… 17
　"被增长"的财富速度：跑不过 CPI，也跑不过 GDP … 19
　三、是谁让我们如此辛苦 ………………… 20
　四、我们能给贫穷者什么希望 …………… 23

第二章　为什么我们什么都比美国贵 ………… 27
　一、可怜的越穷越贵：中国人的"伪幸福生活" … 28
　二、一切皆因没有藏富于民 ……………… 30
　三、如今我们已做错了选择 ……………… 32
　四、谁拿走了我们的资源 ………………… 36

第三章　为什么我们的蔬菜这么贵 …………… 40
　一、张悟本，怎么就成了"神医" ………… 41
　二、别炒股了，炒大蒜和绿豆吧 ………… 43

三、当青菜坐上过山车 …………………………………… 49
四、我们的模式错在哪里 ………………………………… 52
五、从新奇士模式看产业链整合 ………………………… 55

第四章　为什么我们的食品这么不安全 …………… 60
一、百倍于砒霜？黑暗下的黄曲霉素 …………………… 61
二、伪装下的地沟油：辨别难似"哥德巴赫猜想" ……… 62
三、地沟油，中国"最完美"的产业链？ ………………… 63
四、日本模式，离我们到底有多远 ……………………… 66

第五章　为什么我们的产品这么不靠谱 …………… 70
一、就在你身边的虚假宣传：霸王洗发水和云南白药牙膏 … 70
二、我们究竟错在哪里 …………………………………… 72
三、媒体的底线：谁来捍卫我们的利益 ………………… 75
四、什么才是正确的政府角色 …………………………… 77

第六章　为什么我们的年轻人没有出头机会 ……… 84
一、被扭曲的相亲产业链 ………………………………… 85
二、扯开遮羞布并不是我们的目的 ……………………… 87
三、没有灵魂的拜金主义者？ …………………………… 89
四、拜金与笑贫的辛酸背后 ……………………………… 91

第二部分　为什么我们的医改、教改、…………… 97

第七章　为什么我们的医改这么难 …………… 99
　一、我们的医改还在半空 …………………………… 99
　二、美国如何踏进医改"雷区" …………………… 101
　三、我们为什么看不起病 …………………………… 105
　四、他山之石：医改成功靠什么 …………………… 106
　五、逼出来的"高州经验" ………………………… 108

第八章　为什么我们的教改这么难 …………… 114
　一、教改＝折腾教授？ ……………………………… 115
　二、大学再大却容不下一张平静的书桌 …………… 120
　三、大学的钱应该怎么花 …………………………… 121
　四、谁来推倒大学的围墙 …………………………… 125

第九章　为什么我们的房改这么难之一：火山理论 ………………………………………………… 130
　一、"火山"之下，我们的出路在哪里 …………… 131
　二、封堵火山的天外来石？ ………………………… 135
　三、美国房产税，为的是藏富于民 ………………… 138
　四、我们的房产税，到底藏富于谁 ………………… 142

第十章　为什么我们的房改这么难之二：重庆模式 ……… 146
　一、火山理论遇到重庆模式 ………………………… 147
　二、什么是重庆模式的杀手锏 ……………………… 149
　三、重庆模式，化解火山危机的希望？ …………… 151

四、广东经验,大刀挥向何方 153

第三部分 为什么我们的企业过得这么难 157

第十一章 为什么中国的企业活不下去:富士康悲剧 159
一、"富士康悲剧"的幕后凶手 160
二、到底是谁剥夺了我们的尊严 165
三、什么是拯救富士康的希望 170

第十二章 为什么中国的企业走不出去:吉利收购沃尔沃 ... 175
一、沃尔沃:"美妇"还是"弃妇"? 176
二、汽车跨国并购:解不开的魔咒 179
三、西方工会:吉利心中永远的痛? 180
四、又一幕悲剧在上演? 183

第四部分 为什么我们的环境这么糟 187

第十三章 为什么我们的垃圾危机这么严重 189
一、垃圾围城,什么才是我们最大的危机 189
二、究竟是谁制造了这些垃圾 193
三、日本的反省:经济增长错在哪里 197

第十四章 为什么我们的水资源危机这么严重 203
一、"人就水"还是"水就人":深藏在水资源短 204
二、生产方式:水污染的极恶者 205
二、生产方式:水污染的极恶者 207

三、"坏人"监管"坏人"才是最好的？ …………………… 208

四、要"治水"，先"治人"？ ………………………………… 211

第五部分 为什么政府处理国际事务这么难 …………… 217

第十五章 为什么美国人这么不讲理 …………………… 219

一、"篮球外交"，来者不善 …………………………………… 220

二、买单新能源？中国欠了谁 ………………………………… 223

三、美国给了我们什么意外 …………………………………… 225

四、奥巴马的双簧 ……………………………………………… 227

六、我们的让步，何时才能叫停 ……………………………… 237

第十六章 为什么德国人这么不讲理 …………………… 242

一、又一个庞大的代表团来了 ………………………………… 243

二、德国，一个我们并不真正了解的对手 …………………… 245

三、5 000亿，德国人的又一个目标 …………………………… 250

四、市场经济地位到底有多难 ………………………………… 252

序言

在中国做事难,做人难,过日子更是难。中国经济的问题错综复杂,老百姓怨声载道。不是我们的干部不聪明、不能干,而是他们在作决策的时候总是只看到表面现象,奉行的原则也是头痛医头、脚痛医脚,从来不去想怎么才能一劳永逸地解决本质的问题。我认为这种为官心态的根本原因就在于干部的权力傲慢,这些干部总是更愿意比较简单地透过"严打思维"从表面上解决问题,例如打压房价、要开征房产税等就是最好的例子,最后就只能落得老百姓的抱怨。

其实老百姓关心的话题是非常具体的,说白了就是收入低、物价高、看病难、上学难、住房难等等。在这本书里,我特别挑了十六个读者最关心的话题,我认为,这些问题之所以解决不了就是因为政府根本不理解这些问题的本质是什么,而只是简单地根据表面现象作决策。本书和其他泛泛而谈的书不同,我对每一个话题都深入地探究了最根本的本质问题,只有了解了本质,才能真正釜底抽薪地解决老百姓关心的问题。

本书的第一部分,我想谈一个我们每个老百姓都关心的话题,那就是为什么我们的生活这么难。我们的老百姓总会面临几个难题,似乎还都很难解决。

第一，为什么我们的收入这么低。经过三十多年的改革开放后，我们的收入和其他国家相比差距越来越大了，我们工作不努力吗？我们不够节俭吗？都不是，那我们这个经济到底出什么问题了？

第二，为什么我们什么都比美国贵。读者可能不相信这个题目。但是我告诉你，做美国人实在太幸福了，人均年收入四万美元，我们呢？才几千美元，而且美国几乎什么都比中国便宜。我不知道我们到底怎么治理经济的？实在难以理解，我们的经济到底怎么了？

第三，为什么我们的蔬菜这么贵。这已经不仅仅是大蒜和绿豆的问题了，而是一般蔬菜价格也像股价一样大幅度的变动，搞得这些小菜贩子卖菜像玩股票一样。在老百姓承受痛苦之余，不禁要问我们的农产品市场到底怎么了？

第四，为什么我们的食品这么不安全。现在连吃个饭都不安心，我找了地沟油的例子给读者做个解读，这个例子看得我到现在还惊魂未定，这已经不是一个政府监管不到位的问题了，这些商人黑心黑到了这个地步，我们的社会道德出现什么问题了？

第五，为什么我们的产品这么不靠谱。最近霸王洗发水事件和云南白药事件酿成轩然大波，还有三聚氰胺竟然也死灰复燃，毒奶粉又在一些省份上架销售，这实在让老百姓的日子过得胆战心惊，我们不能说政府事后对这些事件的处理态度不严厉，可是我们想知道，我们对食品药品的监管到底怎么了？

第六，为什么我们的年轻人没有出头机会。电视节目《为爱向前冲》、《非诚勿扰》、《我们来约会吧》继《超女》、《快女》之后，在内地也搅起了惊涛骇浪。一群扮演卫道士的伪君子趁此天赐良机，争先恐后地挥起道德的巨剑指向我们以年轻人为主的节目嘉宾，说他们现实、拜金，喜欢走捷径。在我们无情批判他们的背后,一个重大问题悄悄浮出水面了——年轻人如果不靠这种方式,那还有什么方式可以让他们出人头地吗?我们这个社会给这些年轻人往上爬的机会了吗?

2004年的时候我就批判过某些改革,这些改革搞得我们老百姓的日子更难过,有很多人不都说嘛,咱老百姓是医改之后看不起病、教改之后上不起学、房改之后住不起屋。六年过去了,现在看来情况似乎也没有什么改善。但是今天的大环境和2004年完全不同了,我们政府的改革思路能有突破吗?

所以本书的第二部分我想谈一谈为什么医改、教改和房改这么难。

第七,为什么我们的医改这么难。全世界的医改都很难,这不是我们中国的专利。但是2010年美国的医改正式推出之后,我觉得它可以给我们一个全新的启发,那就是医改成功的关键是必须斩断医生和药厂的挂钩。而我们广东高州的医改竟然一不小心就符合了这个思路,这是值得我们做深刻思考的。

第八,为什么我们的教改这么难。以实际经验来看,大陆、香港、台湾一国三地的教改各有特色,大陆的教改是属于重度偏离的那一种,和台湾教改的失败经验差不多。但是香港几乎无为而治的教育体系,竟然成了大陆、香港、台湾三地中最成功的典范。这绝对不是因为香港人比较聪明、比较会改革,而是因为香港除了继承了英国统治时期的制度之外,还孕育了一个特殊的经验,那就是"在香港,如果想做事,就什么事都做不成;如果不想做事,那就什么事都没有"。就是因为这种"无所事事"的经验,让香港保留了英国统治时期流传下来的优秀治学理念,这也是为什么它倒成了成功的典范的原因。

第九,为什么我们的房改这么难之一:火山理论。中国虽然是全世界硕果仅存的几个社会主义国家中的一个,但却是全世界几乎唯一不怎么替老百姓建设经济适用房和廉租屋的国家,我反而发现这成了资本主义国家的专利,他们普遍做得比我们好,例如新加坡和继承了资本主义的中国香港。我利用"火山理论"来解释了中国房地产和中国政府房价调控政策的本质,同时又透过理解美国房产税,来解读中国房产税的误区和严重后果。.

第十,为什么我们的房改这么难之二:重庆模式。2010年6月2日,中国七大部委联合推出的重庆模式让我燃起了一丝的希望,我在这一部分向读者特别介绍了这个模式。

在本书的第三部分,我想谈一谈为什么我们的企业过得这么难。

第十一,为什么中国的企业活不下去:富士康悲剧。富士康十三名员工跳楼自杀的事件震动了全中国的老百姓。可是富士康的悲剧根本不像媒体所报道的血汗工厂这么简单,我们完全忽略了富士康背后的黑手——苹果电脑,其实它才是真正的元凶。苹果操纵了富士康的命脉,而类同苹果的其他欧美亚洲的产业资本也同样操纵了像中国富士康一样的千千万万的代工厂的命脉。富士康事件不是富士康一家企业的问题,而是中国所有代工企业的问题。让我们透过富士康拨开中国代工业的悲剧内幕吧——他们实在过得非常难。

第十二,为什么中国的企业走不出去:吉利收购沃尔沃。吉利收购沃尔沃同样震动了中国老百姓,正如李书福所言,他这个农村青年竟然娶了一个比他还要高大的北欧美女。我实在不知道李书福娶的到底是美女呢,还是数度被男人甩掉的弃妇。我觉得李书福这位农村青年还真的比不上那位北欧美女的前任老公——福特汽车。我实在看不出吉利和沃尔沃的婚姻有什么成功的可能。此外,这位北欧美女的七大姑八大姨(指工会、产业协会)等等还特别凶悍,我实在难以想象一位像李书福这样的农村青年怎么能够应付得了这个复杂的大家庭。吉利走出去的困局不单单是吉利的问题,还是所有想走出去的中国企业的问题,例如上汽收购韩国双龙、首钢收购秘鲁铁矿,不都是家庭不和的大悲剧吗?我们的企业真可以说是一批批地走出去、一批批地倒下,为什么中国企业走出去就那么难呢?

本书的第四部分我想谈一谈为什么我们的环境这么糟。

我们国家2010年的政策可以说是完全被误导到了节能减排的领域。我在《郎咸平说:新帝国主义在中国2》一书中清楚地告诉读者,气候变暖这个议题就是个惊天大谎言,欧美国家透过这个伪命题,成功地把我们国家的政策转变成节能减排了。虽然我不否定节能减排的重要性,但是今天中国最需要解决的问题不是节能减排,而是?圾围城(第十三,为什么我们的垃圾危机这么严重)和水资源短缺(第十四,为什么我们的水资源危机这么严重)。如果这两个问题得不到解决的话,几年之内就将造成我们没办法承受的可怕后果。

本书的第五部分,我谈论了为什么政府处理国际事务这么难的问题。这是个非常重大的议题,因为这个如果处理不当,后果会很严重,会对我们老百姓和企业造成特别大的冲击。

第十五,为什么美国人这么不讲理。2010年的5月份美国组建了由大大小小200个高官组成的代表团,来参加"第二次中美战略与经济对话",这次对话的结果是让美国透过汇率大?,用威逼利诱的方式,拿走了我们8 000亿元的新能源市场,想一想,难怪美国要来这么多人,利益驱动嘛!

第十六,为什么德国人这么不讲理。2010年的7月份,德国代表团在女强人总理的带领下,政府官员、国会议员和企业家都来了,他们总共包三架飞机,想到美国代表团的例子就让我又有种不祥的预感。结果还是不出我所料,德国又透过和美国类似的方式拿走了一大堆让中国人感到痛心的"以市场换技术"的合同。

我们的日子到底怎么啦？为什么这么难？在透彻分析这些问题的本质原因的同时，我也简单地介绍了欧美和日本等发达国家在这些?题上的做法和经验。

（特别感谢我的助手孙晋带领的研究团队。本书的数据资料由孙晋、马行空等人共同完成。）

第一部分
为什么我们的生活这么难

第一章
为什么我们的收入这么低

2010年,金融危机余波尚存,中国居民的"钱袋子"问题依然引人关注。2010年1月12日,国际投行瑞信发布的"中国消费者调查报告"称,中国居民家庭收入自2004年以来,至少增长了50%。此报告一出,立刻引发部分市民的强烈质疑,大呼家庭收入"被增长"。一份来自中国社科院的报告披露,1992年至2007年的15年间,职工工资报酬所占GDP比重降低了12%。从大多数市民的实际感受,以及相关机构的调查来看,近年来,中国居民实际收入增速相对缓慢,占GDP的比重不断下降,已成为中国经济发展的一大隐忧。

一、最长的工作时间 VS 最低的工资收入

现在有两个有意思的现象,一个是中国居然成为了奢侈品消费的第

二大国,另外一个是金融危机的时候,"民工荒"又出现了。你能搞得清楚吗?一个奢侈品的消费大国,2009年它的消费占GDP的比率却只有29%,按照这个数据看的话,中国其实是个消费力严重不足的国家。

为什么消费力严重不足呢?因为中国人太贫穷。我举个例子,把各个国家的薪资收入加在一起,除以这个国家的GDP,然后来作个比较(见图1—1)。这个比例欧美最高,平均是55%,日本是53%,澳大利亚47%,韩国是44%,南美洲的阿根廷、墨西哥和委内瑞拉平均是33%,。东南亚包括菲律宾、泰国平均是28%,中东包括伊朗和土耳其大概平均是25%,很可惜我们没有详细的非洲数据,应该是20%,以下,但是我没把握。那么你认为中国会和谁比较接近?欧美?南美?东南亚?中东?还是非洲?根据我在讲课的时候做的问卷调查显示,大部分听众都认为我们的比例应该和非洲差不多。

笑死我了!如果读者也认为我们这个比例和非洲一样的话,那只能说你有点乐观了。读者猜一下我们的比例是多少?我告诉你,只有8%,是全世界最低的!但以前我们可不是这个样子的,以前这个比例甚至还高达18%,但是到了2008年这个比例就跌到了12%,到2009年却只剩8%了。

那么人均工资呢(见图1—2)?每小时人均工资第一名是德国,大概是30美金,第二名美国,大概是22美金。我们比泰国还差,泰国还接近2美金呢,我们才0.8美金一小时,位列全世界最后一名。

虽然我们的工资水平不行,在全世界垫底,但是我们有排第一名的,那就是我们的工作时间(见图1—3),我们一年的工作时间竟然高达2 200个小时,美国跟我们比差远了,它们只有1 610小时,荷兰最低只有1 389小时,日本稍高是1 758小时,巴西、阿根廷仅次于我们,分别是1 841小时和1 903小时。你看我们的工人,拿的是全世界最少的工资,但工作时间却是全世界最长的。多么勤劳的民族，多么可怜的民族！

二、"被增长"的财富速度：跑不过 CPI，也跑不过 GDP

不知道大家发现没有，我们的 GDP 在大幅上升，但是居民储蓄的上升却非常缓慢。如果储蓄是一个财富衡量指标的话，那我们这几年的 GDP 尽管是以每年 10% 的速度增长的，但却跟我们老百姓的关系不是很大，因为老百姓的财富并没有增加多少，也就是说，我们老百姓财富的增长速度和我们 GDP 的增长速度差距越来越大。读者可以问问自己，我对我的收入满意吗？我的收入能够应付我的生活支出吗？大家基本上都会说，收入总是跟不上支出的步伐，因为我们总觉得自己入不敷出、捉襟见肘。我们的收入既跑不过 GDP（见图 1-4），更严重的是我们的收入竟然也跑不过 CPI。在相同的起跑线之后，跑得最慢的就是我们的收入了。

茅于轼曾经问过这么一句话："为什么说中国人是最勤劳的，可是我们却是不富裕的？"这是什么原因？包括咱们政府和企业的领导人、首长去非洲考察工作，给非洲的几个国家题词，按照咱们的惯例，领导们题词都会说："勤劳、勇敢的中非人民友谊长青，友谊万岁！"看到这个，非洲领导人就不干了，他们说，你们中国人勤劳，我们非洲人不勤劳，我们只勇敢。看到没有？非洲人民可不认为你说他们勤劳，是在称赞他们的。

想想看，金融危机之后，珠三角又出现"民工荒"，99% 的企业缺工人。后来有很多人分析了原因，发现这不是简单的因为订单增多了，而是因为工人对工资不满意，工资实在是太低了。近 10 年，东莞的工资基本上都是 770~900 元月薪，包吃住，10 年都没有怎么变化，但是这 10 年来的通货膨胀却在大幅度增长，所以我们的农民工越来越穷，我们也就成了全世界收入最低而工作时间最长的民族了。

我们的"农一代"是非常勤劳的，为了770—900块的薪水，他们愿意出来打工，因为在他们的家乡有着嗷嗷待哺的妻儿们，所以他们能够忍受低工资和恶劣的工作环境。可我们的"农二代"可不是这样的，他们可不想为这点小钱打工。而且"农一代"还都不舍得让自己的儿女出来打工。太苦太累不说，也挣不了什么钱。这就形成了一个恶性毒瘤，想想看，如果说我们国家薪资上不去的话，储蓄也就上不去，那我们怎么增加消费呢？我们国家目前所推动的任何鼓励消费政策都不成功的原因，就是因为老百姓太贫穷了。对于政府来说，必须要先使老百姓富裕，才能够推得动消费。

现在很多老百姓都有这种钱包的危机感，总觉得自己的支出永远要比收入多。在钱包危机感之下，中国"80后"现在面临着这个工资低、物价高的现状，就调侃自己说："三十难立、四十迷惑、五十听天由命"。我发现中华民族其实是个非常幽默的民族，在这么困难的环境之下还能这样自我解嘲，实在让人感到心疼。

三、是谁让我们如此辛苦

投行瑞信做了个报告说，2004年之后，中国家庭收入增长50%。这些外资投行，就喜欢胡说八道。你要晓得国外的投行，它写研究报告都是有目的的，比如说想拉抬股价，或者要在中国干什么，怎么样写对它们有利。它们就怎么写，根本不讲事实的。这种现象在中国香港特别明显。这些投行想拉抬股价，就会说哪家公司怎么怎么好，然后大家就都去买这家公司的股票，股价自然就上去了，然后投行再把股价打压下去，它们就能大赚一笔了。它们干的就是这种事,所以,它们写的,我们都不要相信。

我们普通老百姓的日子确实过得很辛苦,那我们的企业家呢?我们的企业家其实也是非常辛苦的,很多企业家都说,他们是在替劳工们打工,搞得每天晚上12点才能睡觉。我们工人不辛苦吗?工人也很辛苦.在这么差的环境下工作,还拿这么低的工资。因此企业家也好,工人也好,大家都很辛苦。但这个辛苦换来什么结果呢?结果就是拿到了全世界最低的工资。按照我的分析,这里面有两个原因。

第一个重大的原因是欧美对我们的剥削。你听我说的似乎很像列宁讲的话,那是因为列宁讲的话是对的。我最近花很多时间在研究列宁的理论,而且还把部分研究心得放进了我的新书《郎咸平说:新帝国主义在中国》和《郎咸平说:新帝国主义在中国2》里。请读者想想看,为什么我们工人拿的钱这么少?我想再请问我们的企业家,你以为你在替谁打工?你以为你现在赚的钱很多,是不是?你错了,其实你应该多赚10倍的钱才对,而不是只赚现在这么点小银子。为什么?

我们的学者经常讲,我们中国的传统劳动密集型产业因为缺乏核心技术,所以毛利率低,而解决毛利率低的现状是要转型成高科技企业,例如芯片,它的毛利率就高达40%。我们这些学者总是瞎掰。我个人从来不反对高科技,但是请各位想一想,中国传统劳动密集型产业的毛利率为什么低?真的是因为它是传统劳动密集型产业缺乏核心技术吗?我只能告诉你四个字——胡说八道。就以东莞的玩具为例吧,我们中国的玩具业毛利率接近零,但是再看看美国的玩具公司,例如美泰,它的毛利率是多少?在2007年它们的毛利率超过了40%,和芯片是一样的。美泰不做制造的,它掌控了除制造以外的其他所有的产业链环节,包括产品设计、原料采购、仓储运输、订单处理、批发、零售,因此美泰就掌控了销售的定价权,玩具卖多少钱,它说了算。它给我们每一个玩具1毛钱的利润。如果你的工厂只能赚1毛钱,那你能给我们工人多少薪水呢?肯定很低。具体点讲,每制造一个玩具,我们只能赚1毛钱利润,而美泰可以赚3.6美金。这就是为什么它的工人一年可以赚4万美金,而我们的工人一年就只有2 000美金,这就是差别。

我再请读者思考一下我们工厂的生产成本,还是以玩具工厂为例,你要不要购买塑胶粒呢?当然要。塑胶粒是什么东西?化工产品。而全世界化工产品的价格又是谁控制的?华尔街。因此在你购买原材料的时候会发现,你又没有定价权,价格又被掌控在别人手里。因此对于我们中国的制造业而言,我们刚好卡在中间——购买原材料的价格是华尔街控制的,生产出来的产品价格又被美泰这样的公司控制着。我给美泰取了个名字,叫做"产业资本",我给华尔街也取了个名字,叫做"金融资本"。我们的制造业真可以说是:前有狼、后有虎,金融资本好比是狼。产业资本好比是虎,具体点说,就是购买原材料时,是金融资本在控制着我们的价格;我们销售时,是产业资本控制着我们的价格,我们就这样被夹在了中间,它们一起把我们剥削得干干净净。

其实话又说回来,它们为什么把制造放在中国?因为制造有个特性——"破坏环境,浪费资源,剥削劳工",它们才不愿意要这种烂东西。所以,它们就把除制造外其他产业链的环节全部控制在手上。所以我很怀疑30年前,在中国开始改革开放的时候,欧美各国就已经定好了一个战略,那就是透过金融资本、产业资本控制原材料和销售的定价权,然后把制造放在中国,破坏我们的环境,浪费我们的资源,剥削我们的劳工。到最后再透过这两端,把我们吸得干干净净。因此中国越改革,中国越开放,中国越制造,欧美就越富裕。

还有一点值得我们思考的,和其他国家相比,比如印度,我们同样是被剥削的人民,可我们怎么比他们还差呢?因为我们还有第二个原因,这个原因就是这几年我们的产业政策搞偏了。我们把社会大量资源拿去修桥铺路了,所以我们的GDP才以每年10%的速度增长,这种增长并不代表我们的经济有什么了不起的增长,真正拉动GDP的是钢筋水泥。比如说在2008年,消费就只占35%,2009年变成了29%;钢筋水泥2008年是57%,2009年倒变成了67%。这说明了什么问题呢?这是说我们整个社会能够创造财富的、能够用来消费的资源都被我们拿来搞钢筋水泥了。我就以华东某省为例,政府规定让农民把宅基地拆掉,然后到政府规划的土地上盖房子,一栋房子大概需要10万块,农民就把仅有的10万块储蓄拿去盖房子了。这看起来好像没什么问题,你消耗了产能严重过剩的钢筋水泥,你增加了GDP,那我问你,我们的农民接下来几年怎么办?要知道,农民这10万块的储蓄本来可以拿去做生意赚点钱的,本来可以消费,拉动其他生产的,也就是说,这本来是一个很好的生产性资源,可以替老百姓创造更多的财富,但是很不幸,这些宝贵的生产资源都被我们拿来做钢筋水泥了,钢筋水泥越多,老百姓就越穷。

四、我们能给贫穷者什么希望

我们前面几个话题说的,已经是中产阶级的生活感受了,再看看那些低收入者的生活,你就会感觉更可怜。我们看看在网络上流传的一个贵州农民家庭的生活账单,账单上有一句话:"既然有盐,还要酱油干啥?"这难道还不足以说明我们老百姓的日子过得到底有多难吗?此外,包括社科院和很多其他国内外的研究机构得出的结论,也让我们非常担忧。它们说,一方面是我们80%以上家庭的收入没有显著增加,另一方面贫富差距越来越严重。对于任何一个国家来说,当财富集中到极少数人手里的时候,社会矛盾就会越来越严重。

我们现在的问题就在于收入低迷,且贫富分化严重,我很担心这些穷苦的人民会失去向上进取的希望,或者说他们开始绝望了。柏拉图曾经探讨理想国的社会等级分流,柏拉图有个金银铜论,说城邦的管理者、守卫者、手工业者就好比是金、银、铜,这三者是不可流动的。中国传统文化的先贤孔圣人尽管也提出过君君、臣臣、父父、子子的社会阶层,但他还说了一个尊贤的理念,这个理念是说要让那些贤达、有才能的人能通过自己的努力,跃升到社会的上流等级。但这个理念在现在好像很难推动了,因为我们人为地设立了很多瓶颈、很多障碍。举例说吧,中国城市化进程虽然在慢慢加速,还会延续很多年,原因是如果大多数人都流进城市的话,他们该怎么生存呢?说个现实的例子,一个打工者的月收入一般是1 000块钱,租房子需要200多,一些物业管理费包括有线电视费、水电费什么的大概要300多,吃饭一个月可能要200多,那还剩得下什么吗?老百姓的收入这么低,我请问你,城市化进程的基础是什么?就是你一定要给这些人工作,然后通过提供就业机会来拉动消费。可问题是,我们的工资这么低,他们怎么生活呢?

延伸阅读

经济学的真相:13 个严重的经济学谬误

我们先看一个惯常的错误理解:租金管制可以预防通货膨胀。这一观点可以这么解释:因为租金进入并深深影响着生活费用,租金的增长将迅速导致工会要求一个更高的工资,因此将使当前的生产成本增加,商品现行价格增长。

通常,经济学意义上任何商品的短缺都将引起其价格的上涨。这就迫使公众节省对这一商品的使用,同时使私有企业增加其供给变得有利可图。假如价格急剧上涨的一个后果是使穷人遭受到困难,那么缓解这一困难的一个简洁而又更加公平的方式,就是依赖一般财政收入的直接现金转移支付。而租金管制这一替代政策会导致不良的社会影响,房东作为一个阶层,而不是社会整体,却要去对社会上很大比例的房客进行补贴。另外,当租金被广泛认为会有一个急剧的上涨时,租金管制会在一定时期内减少劳动力的变动,这将阻碍私人企业在工人阶级住房方面的投资,也会使现存受管制房屋的存量急剧下降。

我们没有讨论对穷人实行直接补贴的政策可行性。我的观点是这种直接补贴的方法所产生的成本将远远少于我们所熟知的租金管制体系产生的费用,更为确定的是,它将受到较少的社会抵触,也无需建立处于租金限制法之下僵硬的法律机器。

作为政治问题,大家很可能认为租金限制法律相对来说更容易制定,也更具有吸引力,能够普遍地被大部分选民当作帮助穷人的一种"劫富济贫"的方式来接受。但是当经济学家或者任何科学家根据"政策可行性"去推进或者证明这一政策合理性的时候,结果将是令人郁闷的。学者的工作是为公众指出并尽可能清楚的预见可以被选择的替代性政策的主要影响。如果这一工作被公正的做出来,那么将有效地把更受欢迎的经济结果告知相关公众,而假如有更加温和的措施被提出来用于处理当前的一些社会问题,那么,这种方法的使用将增加更为明智的替代性经济政策最终流行的可能性。

　　本文摘自[英]E.J.米香(E.J.Mishan)的《经济学的真相:13个严重的经济学谬误》

第二章
为什么我们什么都比美国贵

同样的商品,中国价格缘何高于美国?

宝马Z4型的车子在中国需要58.9万元人民币,在美国的价格折算成人民币20万元而已。

不同的经济结构,低收入为何催生高消费?

似乎只有天然气这种一般社会大众都要用的产品价格差不多之外,只要在这个档次以上的产品包括奢侈品、电脑、运动鞋等,我们都比别人贵。

物价泡沫出现,新问题引发社会警醒。

你知道现在什么叫西湖吗?西湖周围所有的古典式房子,目前全部被一个白领精英和A先生所占据了。

一、可怜的越穷越贵：中国人的"伪幸福生活"

这个章节我想谈一个比较有趣的题目，一个和每个人的生活都相关的题目，叫做泡沫经济？最近你们看到了吧，到处都是泡沫，房地产泡沫、股市泡沫，如今大蒜也泡沫了，中国的物价存在太多的泡沫。

我给读者举个例子吧，1982年，我们去看电影《少林寺》的时候，票价是1毛钱，2007年《变形金刚》在北京上映时的票价是80元，25年翻了800倍。而在美国，一线的电影院《变形金刚》的票价折合人民币后是54块钱。其实很多香港人到了大陆去看电影，看到票价都觉得不可思议，因为香港的票价最贵也才50港元而已。如果在非尖峰时间去看，还有20港元到40港元的票价，我们大陆这边的收入这么低，电影票的价格怎么可能这么高？简直无法想象？在中国，像男学生要陪女朋友看个电影，那都是很奢侈的。这就叫什么？物价泡沫。以麦当劳为例，美国麦当劳价格跟中国差不多。天然气呢？我们差不多一立方3.5元，跟美国也差不多。你发现没有，这种低档餐馆的价格差不多，天然气价格也差不多，可是电影这种东西就差很多。也就是说，吃的跟用的，这种大众都要消费的东西，价钱都和美国差不多，但是只要不属于大众消费品的，中国的就一定比较贵。比如说长途电话费，如果从美国打过来的话，是一分钟1毛钱，我们打过去的话，一分钟就得8块钱了，你看差多少？还有松下54寸等离子电视，相同款式，在中国卖40 939元，而在美国的价格就只有我们的四分之一，折合人民币只有10 239元，你能想象得到吗？这个数据我们都已经上网再三查验过的，保证正确。

背景提示

中国的房价收入比达到了发达国家的三至六倍,北京、上海等一线城市,在人均收入不及日本东京十分之一的情况下,房价已和东京不相上下,有些地区的房价收入比已超过30倍。蔬菜、肉蛋、粮食及食用油价格均出现了不同程度的上涨。物价问题成为了百姓关注的焦点。那么,物价问题到底是什么问题?所谓物价泡沫又是怎么一回事呢?

我们有些人就喜欢穿大牌的衣服,比如阿玛尼,阿玛尼的西服在我们中国差不多要3万块人民币,但是在美国买的话,折算成人民币却只有15 000块。汽油在中国是6.83元每升,在美国4.56元每升,也差了很多。宝马Z4型的车子在中国要58.9万元人民币,在美国折换成人民币才20万元而已。另外诺基亚1661型的手机,读者可能会觉得这个东西应该全世界都一样吧,其实也不一样,在中国买大概需要300美金,在美国买就只要85美金,差了近4倍。笔记本电脑呢?中国买一个笔记本6 000块,在美国换算成人民币只有3 406元,还不止这些呢。我再举几个例子,有个叫Samsonitt的旅行包,翻译成中文,我们叫它新秀丽,可能大家不一定知道新秀丽,这种包在美国买的话,一个大概是27美元,才是中国价格的五分之一到十分之一,我们买一个包都要比人家多花那么多钱。在美国,一件POLO的秋天穿的大衣29美元,Clark的凉鞋,美国牌子,23美元,看到这些数字,你是不是还以为美国经济破产了、崩溃了?还是大甩卖?我也有这种感觉。不知道怎么回事了。

我的一个朋友曾经到美国洛杉矶一家叫小台北的中餐馆去吃饭,4个人点了很多菜,都是鱼虾螃蟹这些海鲜,一结账,4个人才49美金,折合成人民币大概是300多块,每一道菜平均价格才7美金,像这种鱼虾蟹之类的海鲜,在我们中国吃的话,这点钱顶多算个零头。当然如果去那些特别小的店,就另当别论了,但在一般餐馆我们的就肯定比美国的贵多了。还有我们经常喝的咖啡,在美国是1美元,也就是不到7块钱人民币。我们这边,就是去一般的咖啡馆、咖啡厅,一杯也大概要二三十块人民币对不对?似乎只有麦当劳这种一般社会大众都吃的快餐,天然气这种一般社会大众都要用的产品,我们和美国的价格差不多之外,其他稍微上点档次的东西,我们都比人家贵。为什么?

二、一切皆因没有藏富于民

背景提示

据统计,2007年美国平均每人进影院观看电影6部,而我国2007年平均每人进影院观看电影仅0.1部。有媒体调查后发现,竟有"八成市民5年没看过电影"。同时,有分析指出,美国一张电影票相当于人均月收入的1/400,韩国的电影票相当于月收入的1/.350,而中国电影票却相当于人均月收入的1/20。按照这一标准计算,中国的电影票比美国几乎贵了20倍。是什么原因使得一种大众形式的娱乐文化变成为奢侈消费,我们的消费到底怎么了?

你想象一下,如果我们每个月能赚4 000美金的话,花1美金可以喝杯咖啡,500美金可以买个笔记本电脑,50美金就可以请几个朋友吃一顿,这种日子该多爽?这对于我们中国人来说,像个遥不可及的梦,但这却是美国大众的真实生活,所以在美国消费是很幸福的。那我们就要问了,我们工作时间比他们长,还比他们累,凭什么他们的日子过得那么爽,而我们的日子过得这么苦?

我给出的答案一定出乎大家的意料——就是因为我们没有藏富于民,所以我们除了一般的产品,比如说大米、小麦、猪肉这些生活中不可或缺的产品价格和美国的差不多之外,其他稍微奢侈一点的东西都比人家贵。2008年10月份,我们国家受到金融海啸的冲击,政府决定提列4万亿从事基础建设。如果各位关切我的言论的话呢,应该知道2008年10月份我明确地说过,我们要"放弃保八,藏富于民",我不希望政府拿这个钱去做基础建设。为什么?我就以中西部建高速公路为例,路建好之后有没有车在上面跑?基本没有。读者要清楚一点,没有车在上面跑的高速公路都叫做产能过剩的高速公路。政府在建高速公路的时候需要钢材,需要水泥,所以可以消化今天钢材市场2亿吨的产能过剩,也可以同时消化掉今天水泥市场超过5亿吨的产能过剩。但是建完之后怎么办?建完之后的高速公路因为没有车在上面跑,所以你就又搞了个新的产能过剩。当我们不再需要钢材和水泥的时候,这两个行业就只能被打回原形——产能过剩。所以政府投4万亿的资金在基础建设上的结果就是将成为一个产能过剩更严重的国家。我们有新的经济增长点吗?没有。这就解释了为什么2008年,钢筋水泥占57%,消费占35%的GDP,到2009年变成了消费只有29%,钢筋水泥却占了67%的情况。

我建议我们一定要把这些钱给老百姓,做到藏富于民。至于怎么给,不是我谈论的重点。我就是希望政府能够帮助企业赚更多的钱,因为只有企业赚到钱,它才会进行转投资,透过乘数效果,企业可以赚更多的钱,然后再转投资,透过乘数效果再赚更多的钱,最终能透过企业利润长期拉动中国经济。要知道,钢筋水泥只是一锤子买卖,今年用完了,明年就没了。而如果我们的企业家能赚很多的钱的话,政府就可以透过立法等机制,让企业提高员工薪水,这样员工就有更多的钱用来消费了,这样慢慢地培养我们的消费,我们的内需不就跟着增长了吗?这就是藏富于民的链条,透过利润反映到消费,以此长期拉动中国经济。这就是为什么其他国家的消费能占到GDP的700h~80%,而我们只有29%~35%的缘故。

三、如今我们已做错了选择

背景提示

2008年11月5日,中国政府在全球金融海啸袭来的危机形势下,果断宣布两年内投资4万亿元及十大产业振兴规划等系列方案。一年之后,中国经济在数据上交出漂亮的成绩单。然而,在迅速稳定经济局面之后,如何拉动国内消费成为中国经济振兴的又一课题。那么,国内拉动消费的难点到底在哪里呢?

还有房子这种被我们拿来热炒的东西,搞得现在我们中国的很多老百姓都买不起。和中国相比,美国的房子就便宜多了。在2009年的广交会上,有几个华人把美国洛杉矶的房子拿来中国倒卖,美国的房子从90平米到300平米不等,其中总价最便宜的90平米只要10万美金,大概70万元人民币,比广州上海的房子便宜得多。而且美国的房子跟我们的是不一样的,我们的房子叫公寓,美国的房子绝大多数是洋房、别墅,美国100平米的别墅比我们上海、北京100平米的公寓要便宜得多得多,这是为什么呢?和汽车、手机、电视机是一样的道理,因为我们没有藏富于民。

我给读者讲个简单的故事。A先生挖金矿赚了100块,他当时有两个选择:第一个选择是他给10个挖矿工人每人1块钱,这1块钱能干什么呢?仅够温饱之用;第二个选择是给每个矿工5块钱,10个矿工就是50块,所以如果A先生做了第二个选择的话,他就只剩下50块可以放进口袋。而如果他做第一个选择,1个人1块钱,10个人10块钱.他就能剩下90块可以放在口袋里,因此对于A先生来说,他选择第一个方案对他现在最有利。问题是他会怎么选?我相信,一个有智慧的人一定会做第二个选择,你知道为什么吗?因为当这个矿工用1块钱就可以解决温饱的话,他就会再花1块钱买皮包、运动服和运动鞋。所以A先生就会发现,除了挖金矿之外,他可以再开个大卖场,专门卖皮包,卖运动服、运动鞋。为了卖这些产品,他又聘了10个女性售货员。到最后,这10个矿工和10个女售货员会结婚,会生孩子,所以他们又会拿出另外1块钱买婴儿用品,所以这个A先生又发现,他可以搞个厂子来生产婴儿用品,又可以多赚一笔了。最后这对夫妇还剩2块钱,他们需要住房子,所以他们就花了2块钱买房子,因此A先生又发现他还可以做地产开发。由此我们会发现,因为A先生做了第二个选择,所以等到金矿挖完了,其他这些行业也成长起来了,这个地方就成了一个富裕的小城镇。这就是美国的藏富于民。

如果A先生做了第一个选择呢?金矿挖完了怎么办?这10个矿工就会立刻失业,就造成了严重的社会问题。因此A先生不得不再拿出40块钱去建高速公路,以帮助这些矿工就业,最后A先生还是花了50块钱,却解决不了问题。大家想想看,高速公路建完后呢?这10个矿工是不是又要失业?还有什么办法能让他们再就业?没有了。到最后,A先生就只能看见在人迹罕至的大地上,有一条似乎很好看的高速公路。这时候的A先生既不可能开大卖场,也不可能生产婴儿用品,更不可能做地产开发,因为老百姓太贫穷了。那这个 A 先生就只剩下口袋里的 50 块钱了,怎么花呢?只有拿这 50 块盖一栋豪华别墅了。

背景提示

据中国不动产研究中心统计,2009 年 11 月,北京市别墅销售套数为 683 套,比 10 月份上涨 11.6%,成交总金额为 48.79 亿元,比 10 月上涨超过四分之一。而据业内专家指出,目前海南三亚的一套海景别墅,售价折算后高达 450 万美元,这一金额可以在美国买下乔治·布什的农场,在欧洲可以买下一座古堡,在泰国可以买下一个海滩。在西班牙,30 万欧元可以买下一套豪华海景公寓,而在希腊,70 万欧元可以买下悬崖上的独栋别墅。那么,房子之外,还有哪些消费品也表现出泡沫化特征?其原因又在哪里呢?

我相信读者都明白了,中国的房价为什么这么贵。就是因为我们的政府做了第一个选择,因此一栋房子要 50 块钱,而美国做了第二个选择,所以一栋房子才两块钱。

背景提示

对于普通中国百姓而言,电影院是带有怀旧色彩的梦想,而另一个正在膨胀的梦想就是汽车。然而,消费者很快发现,国内售价普遍在 20 万元以上的中高级车,在美国售价大多在 15 万元左右。50 万元人民币在国外几乎可以买到大部分品牌的高端豪华车,包括奔驰 s 系列部分车型和宝马 7 系。那么,国内汽车与电影的高价是同样原因造成的吗?

我给读者解释了房子贵的原因,那么我再解释一下,为什么汽车、电影、电视机、手机也比美国贵呢？我再用同样的故事做个说明。A 先生做了第一个选择之后，发现这 10 个工人可能不好管，总得找个人管管这些工人吧，所以 A 先生花了 10 块钱聘了一个职业经理人，也就是所谓的白领精英 B 先生来管理这些工人。如果每一个矿工都拿 1 块钱薪水，而只有这一个白领精英拿 10 块钱薪水，你知道会是什么结果吗？我们还是以电影为例。拍片子总要有成本吧，比如说你要付给章子怡钱，还要付给张震钱，这么多演员的钱你都要付。制作的费用呢？行销的费用呢？加在一起你这个成本就是 10 块钱，那么你怎么收回成本呢？那就要看他们的政府做了什么选择？如果是做了第一个选择的话，你发现只有一个白领精英看得起电影，你为了收回成本，一张票就要卖 10 块钱。·而如果你做了第二个选择呢，那 10 个矿工就都看得起电影，这多好啊，10 块钱的成本除以 10 个人，电影的票价就是 1 块钱了。我再给读者看个数据就更清楚了。你晓得全中国有多少块电影银幕吗？只有 4097 块银幕，要知道我们中国有 13 亿人口呢，而美国只有 3 亿人口，却有高达 38 990 块银幕。我为什么算银幕，而不算电影院呢？因为一个电影院可能有七八块银幕，所以算银幕的话比较精确。所以对一个电影制作商而言，你卖到一个以第一个选择为主的中国，成本一摊下来，票价当然比较高了。而卖到以第二个选择为主的美国呢？3 万多块银幕摊下来的结果是什么？电影票肯定比较便宜了。

我再说下手机，中国手机生产很多对不对？一半以上是山寨机，山寨机的价格只有正牌货的四分之一到十分之一，为什么会有这么多的山寨机？因为正牌的手机都比较贵，我们买不起，我们的消费能力太低了，根本没有钱，所以就只有买山寨机了。正牌的手机对于我们中国老百姓来说，并不是一个能普及的东西，但是在美国就不一样了，谁都买得起手机，正是因为大家都买正牌手机，手机的价格自然就便宜。汽车也是一样，汽车在中国是卖给 A 先生和白领精英 B 先生的,一般老百姓是买不起的。在美国呢?每一个家庭基本都有两部车子,车子价格也特别便宜。当然你可能要问我,我们超市的东西不是也很便宜吗?你说得没错,但我告诉你,美国超市的东西和我们一样便宜的,2009 年的圣诞节我在美国买了一双中国制造的登山鞋,才 2.99 美金。这个登山鞋在国内却卖三四百元人民币,为什么?还是因为他们藏富于民。

四、谁拿走了我们的资源

不仅如此,除了藏富于民这个原因造成中美两国物价的差距外,还有第二个重大原因。中国的 A 先生和白领精英 B 先生在中国取得的财富相对于矿工而言要容易得多。我再举个例子吧。各位读者不妨去西湖看一下,西湖外表还是依然,但是西湖的灵魂已经荡然无存了,我为什么这么说?因为西湖周围几乎所有的古典式的房子,目前已经全部被 A 先生和 B 先生所占据了,说是个公开的会所,一般老百姓想来吃饭的话,没问题,你进去之后就会发现,这里的菜贵得离谱,是我们老百姓根本没有办法接受的。他们就是透过这种高昂的价格把所有老百姓挡在门外。既然 A 先生和白领精英 B 先生很容易就能取得资源,就会比较容易赚到钱,所以他们就不会珍惜这些资源包括金钱,他们对奢侈品价格是高是低也没有什么概念,反正我只要想要我就买,不在乎它是贵还是便宜。那么,为什么美国的奢侈品价格比我们中国便宜得多呢?其实道理很简单,因为美国这 10 名矿工取得资源的能力比中国的 A 先生和 B 先生差多了,他们比较珍惜资源包括金钱,因此对于奢侈品价格的波动肯定比 A 先生和白领精英 B 先生敏感,所以奢侈品的价格普遍都比中国低。而对于我们中国的10名矿工来说,取得资源极其困难,因此对于他们能买得起的产品价格。一般是民生必需品,就会极其敏感,这就是为什么中国的民生必需品价格和美国的差不多的原因了。

当然,A先生和白领精英B先生做了第一个选择之后,他们还控制了其他很多资源,甚至连西湖都不再属于老百姓的了。他们这种炫富的行为,更是激化了10个弱势矿工的仇富心理。那我请问你,美国的A先生和B先生会不会这样做呢?不会的。为什么?因为每个人都很富裕的话,就根本不会出现这种独霸西湖、欺负弱势群体的事。

延伸阅读

石油战

酒吧在饭店一楼右侧。从三层楼高的酒店大堂延伸出来的狭长空间内,木制地板折射出一种湿润的茶褐色光晕,再？上成套的殖民地时代风格的木制桌椅,整个酒吧别有一番味道。

"您是秋月先生？"

坐在一张桌子旁的男人站起身来问道。这个男人大约35岁左右的年纪。从他身上已经可以看到中年发福的征兆,从额头到头顶的头发已经半秃了。

中年男人自我介绍道:"我是陈久霖。"

两人一边握手,一边互相打量着对方。

陈久霖的名片正面印着公司英文名——China Aviation Oil (Singapore) Corporation Limited。背面则是中文,印着"中国航油(新加坡)股份有限公司执行董事兼总裁陈久霖"。

"您是什么时候到新加？的？"

秋月淡淡地问道。对于猎食动物来说,轻松惬意地打发等待猎物出现的时光是它们一贯的做法。

"7月1号。公司的事终于开始上轨道了,现在正是大干一场的时候。"

陈久霖快速的把北京味儿英语切分成几个间断的单词。

"似乎您也已经选好了能源交易员了。"

"嗯,这个……JP 莫里森的名气大家也都是知道的,但能不能请秋月先生说说您的情况?"陈久霖问道。

"我是 1983 年从日本大学毕业的,之后在住之江公司任职,金属期货交易员。"

陈久霖露出努力搜索记忆的表情。"这么说您是滨川的?下了?"

戴着圆圆眼镜的秋月微笑着点点头。

滨川泰男曾是住之江公司的明星交易员,他掌控着全球 5% 的铜交易市场,素有"5% 先生"(铜先生)的美誉。可惜的是,由于错误判断大盘趋势,随后一错再错,最终于去年 6 月份被发现已给公司造成了 2852 亿的损失,现在成了刑事被告人。

"那么,目前贵公司是希望我们承担关于套期保值及掉期交易的部分吗?"秋月问道。

本文摘自[日]黑木亮的《石油战(上下)》

第三章
为什么我们的蔬菜这么贵

"神医"褪色,为何出现张悟本?

你张悟本都能够看得出来,那以前皇帝的那些御医都不懂?

农产品遭爆炒,实质到底是什么?

所以我呼吁什么?呼吁政府开始抓人,逮捕。为什么逮捕?因为这叫做垄断。

经济变局来临,呼唤农业新战略。

产业链和反垄断法的共同结合。其最后真正目的是给予我们老百姓消费者一个最稳定的零售价格。

一、张悟本，怎么就成了"神医"

我们的湖南卫视挺牛的，搞了个《超女》、搞了个《快女》，现在又搞出个张悟本同志。2010年2月1日，？南卫视的《百科全说》播出的张悟本先生谈养生，挤进了史上同时段收视率最高的前三甲。据说有不少人一到固定时段就坐在电视机前，等着看他的脱口秀。张悟本同志写了本书，叫《把吃出来的病吃回去》，已经卖了300万册。当然你们可能要问我，郎教授你批评张悟本是不是因为嫉妒？我必须要承认是有一点。我的书卖得大概只有他的十分之一，在这方面，我确实和他有不小的差距。

我发现其实这个人很有意思，我听他讲的话就想笑。《生命时报》的记者在2010年5月12日来到奥林匹克中心西南门处的悟本堂，发现他是唯一一个坐诊专家。预约号的价格？过去的两三百涨到当时的两千，翻了好几番，而且已经排到年底了。他是怎么建议这些花了大价钱的人的呢？他建议要多吃绿豆。这个建议实在太有意思了，连绿豆都沾了张悟本的光，价格一路飙升。

背景提示

在借助强势传媒迅速蹿红，得到"神医"、"2010年最火养生专家"、"京城最贵中医"等诸多头衔之后，眼下的张悟本正在以更快的速度跌下神坛。2010年6月1日，张悟本的坐诊地点，位于北京奥体中心西南门的悟本堂，在被定性为违章建筑后开始拆除。张悟本所写的，曾在各大图书排行榜连续排名第一的销售冠军——《把吃出来的病吃回去》在全国书店下？，捧红张悟本的湖南卫视电视栏目《百科全说》也在6月7日停播。

张悟本因媒体大红大紫,如今却陷入了一场媒体发动的讨伐张悟本以及张悟本现象的舆论风暴。更为有趣的是,有人注意到,2010年上半年以绿豆为代表的农产品,就是在张悟本极力鼓吹绿豆养生疗效后开始了大幅上涨,而在张悟本遭遇讨伐之后,这些农产品价格又开始回落,那么,张悟本究竟说了些什么?他的说法跟农产品价格上涨之间有联系吗?2010年上半年发生的农产品价格上涨,又到底是怎么一回事呢?

张悟本的养生方法成本低廉、简单易学,而且这套不用吃药的食疗理念也是?常有意思的,最著名的就是"绿豆说"了,他说绿豆不但能够治疗近视、糖尿病、高血压,还能治肿瘤。所以绿豆已经成为很多消费者的必买品,少则三五斤,多则几十斤,而且价格也不断被推高。有的摊主甚至说,绿豆涨价都是张悟本的功劳。我们根据媒体的报道,以张悟本的名义销售的某品牌绿豆甘草汤已经卖到了138元,还有售价38元一瓶的醋泡黑豆,刚刚推出半个月,每天就能卖出100瓶,成了该公司最畅销的产品,都是因为大家都想养生惹的祸。你有没有想过,这个社会怎么了?这种简单的骗局都能够骗得人团团转。请读者想一想。我们每个人的体质都是不一样的,哪有一种药可以包治百病的?对了,绿豆还不算药,只能算是食品。是食品的话,就更不可能了。难道以前我们都吃绿豆的话,就不会被人家称为"东亚病夫"了吗?难道都吃绿豆,咱们就不会再有什么病了吗?而且请各位读者再深入地想一想.连你张悟本这种水平都能够看得出来的简单医理,以前皇帝那些御医、华佗等名医难道都看不出来吗?你怎么可能发明出一种产品一吃就可以治百病的?这明明是胡扯嘛。而且我可以告诉大家,只要说能治百病的,一定是骗局。但这种事在中国就能骗得老百姓团团转。为什么?主要还是因为我们中国老百姓在医学上的愚昧所导致的。根据卫生部2009年的调查显示,我国居民具备健康素养的总体水平只有6.48%,这个低水平的医学素养才是张悟本学说能够横行的唯一原因。不过我不想谈他了,我想用他做个引子,谈个有趣的话题,就谈谈他推荐的绿豆和我们非常关切的大蒜吧。

二、别炒股了,炒大蒜和绿豆吧

我想跟各位谈两组不同类型的农产品是如何被操纵的。一种是可储藏的,一种是不可储藏的。可储藏的包括大蒜、绿豆、黑豆、辣椒等等,不可储藏的就是绿色蔬菜。

首先谈谈这些可储藏的产品为什么会被操纵。它一般有三个前提。

第一个前提:它是非常不起眼的产品。如果是大米就不行,大米要是涨价5%或者10%的话,监管部门会立刻出面打压。但是监管部门不会去注意大蒜这种做菜时爆爆锅的东西,也不会注意做绿豆汤的绿豆。

第二个前提:一定要产量大跌的那一年才可以建仓,例如大蒜和绿豆都是2009年建仓。为什么?以2008年为例,我们中国大蒜出口日本受限,所以这些大蒜被反销到国内,结果就冲击了国内市场。2008年大蒜的价格是1块钱一公斤,导致2009年大蒜的种植面积全面下降。比如山东金乡就下降了三分之一。2009年山东种植面积下降30%,河南下降50%,而且由于气候的反常,大蒜主要产区山东又碰到倒春寒,山东南部4月份竟然飘雪,所以大蒜产量大幅下降。绿豆也是一样,2007年价格特别好,所以2008年我们农民大量种绿豆,绿豆种多了,价格就下跌了,所以2009年又不种了。刚好又碰到天气异常,东北大旱,可播种绿豆减少29%"因此很多农民弃豆转种其他作物。所以大蒜也好,绿豆也好,刚好都在2009年年初碰到产量大幅度下跌,价格极其便宜,所以炒家这个时候就开始建仓了。

背景提示

2010年上半年,大蒜、蔬菜、绿豆等农副产品价格大幅上涨,引发了民众对物价的种种担心与猜测。在这些农产品中,大蒜首当其冲。仅半年时间,大蒜价格的上涨幅度就超过了10倍。此外,绿豆的零售价格也由2009年的每公斤7元左右涨到了每公斤20元左右,部分绿豆甚至卖到每公斤24元,涨幅高达300%,。农产品的价格上涨,催生了新的网络词汇,"蒜你狠"、"豆你玩"、"玉米疯"、"辣翻天",分别被网友用来描述大蒜、杂粮、玉米和辣椒的行情。据农业部农产品批发市场信息网监测,2009年12月至2010年4月,全国菜篮子批发价格指数一直在160点以上高位运行,同比上升12个点左右;重点监测的28种蔬菜平均价格每公斤3.51元,同比高出0.84元,上涨31.5%。2010年上半年农产品价格大幅上涨与人为操纵有关,那么,这种操纵又是如何进行的呢?

第三个前提:产地必须特别集中,便于收购。图3—1上画圈的地方就是大蒜的主产地,比如说山东金乡就有60万亩,产量占全国60%;河南中牟有40万亩,占到全国大蒜出口量的30%,大蒜产地非常集中。绿豆的产区相对来说,也很集中,基本都在黑龙江省西部、吉林省西北部、内蒙古东部这一块,参见图3-2的圈圈。

建仓还可以分成几步曲。

第一步曲:一定要控制上游。控制上游的花费并不大,图3—3是从2008年11月21日到2010年5月25日的大蒜价格走势图。2008年大蒜价格大概最高是1块钱一公斤。2009年产量大幅下跌,大蒜价格跌到了4毛钱一公斤,炒家迅速建仓。我们做个简单的计算,看看需要多少钱就能操纵整个市场。2009年山东金乡的库存是95万吨,如果在2009年2

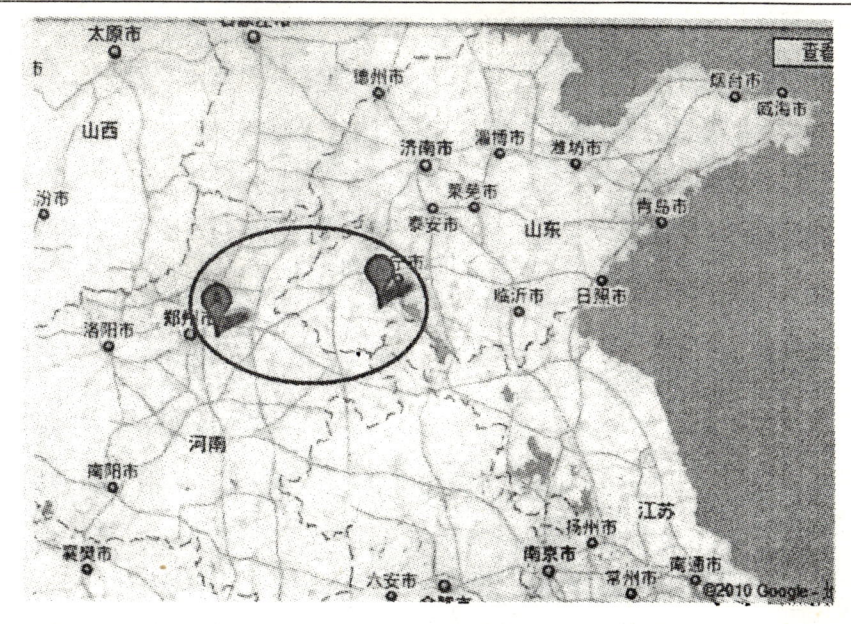

图 3-1 大蒜的产地

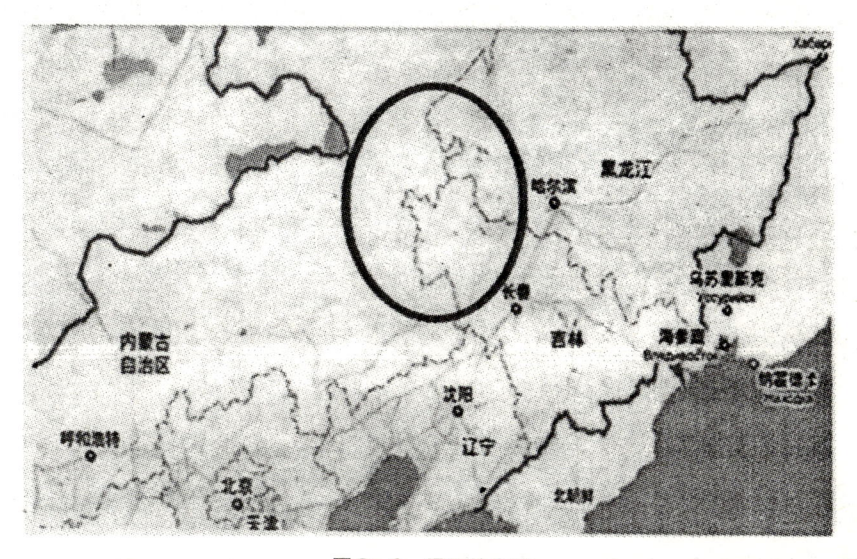

图 3-2 绿豆的产地

月到 5 月入仓的话,控制 1/3 就可以控制价格,30 万吨乘上 4 毛钱一公斤,也就是说,你只要花 1.2 亿元就可以了,可以说是非常便宜的。最后翻了几番读者知道吗？4毛钱一公斤的大蒜，最后卖到了12块一公斤，比玩股票爽多了。所以我建议股民们以后别炒股了，都炒大蒜吧。

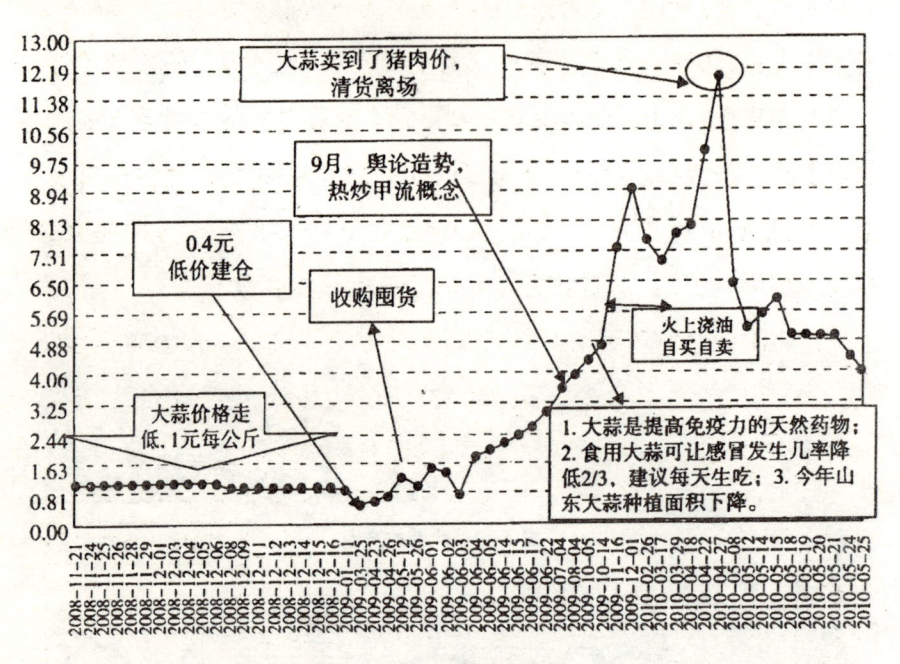

图3-3 大蒜价格走势图

第二步曲：控制中下游。建好上游之后，你也得控制住中下游，为什么呢？请你想一想，如果上游建好仓之后，准备抛售怎么办？万一抛售被下游接了，都给你买光了，那你怎么打压价格？如果你要全面收购呢？你收购之前，可能下游都先帮你收购了，这也不行。所以一定要让下游跟中游听上游的话。上游建仓完成之后马上进入第二步曲，控制中下游。怎么控制中下游？搞代理，一级经销商、二级经销商、三级经销商或者代理商。你对每一级经销商都收取非常贵的代理费、经销费，其实也就相当于保证金。你敢不听话吗？你不听话我就修理你，扣你的保证金。炒家就是透过这种保证金的方式，将上中下游整条产业链严密控制住的。

第三步曲：舆论造势。以图3—3为例，2009年9月份，舆论造势，热炒甲流概念，拉抬价格。10月份继续舆论造势，包括说大蒜是提高免疫力的天然药物；食用大蒜可以让感冒发生几率减少三分之二，所以建议每天生吃大蒜；2009年山东大蒜种植面积下降20%，等等，再度拉高价格。

第四步曲：对敲。就像股市一样。怎么对敲呢？这些炒家拿出20%的货卖给自己人，就在2009年10月、11月期间来回对敲，把价格敲上去，说白了，就是火上浇油，自买自卖。最后在2010年的四五月间将大蒜拉抬到了猪肉的价格，立刻套现离场，让后来的资金接盘。

谈完大蒜之后我再谈谈绿豆，其实两者的炒作方式是一样的。图3—4是2008年11月11日到2010年5月30日的绿豆价格走势图。读者可以从图中看出来，炒大蒜四步曲也同样用在了炒绿豆上。

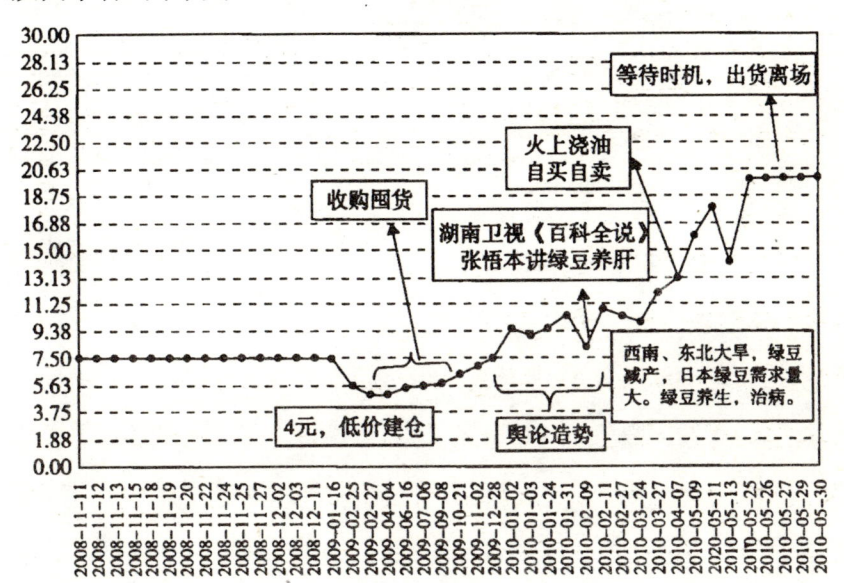

图3-4 绿豆价格走势图

第一步曲：上游建仓。以图3—4为例，2009年2月份，1公斤绿豆4块钱的时候炒家开始建仓，和大蒜差不多，大概两亿元就能控制市场。

第二步曲：控制中下游。和大蒜一样搞代理，一级经销商、二级经销商、三级经销商或者代理商，将上中下游整条产业链严密控制住。

第三步曲:制造概念。2009年的年底开始舆论造势,包括西南、东北大旱,绿豆减产,日本绿豆需求量大增等等,绿豆价格慢慢被拉升。在2010年2月1日绿豆价格下跌这一天,张悟本在湖南卫视开始大吹绿豆的医疗功效,从这个时候开始,绿豆价格一路飙涨。因此,我们实在很难相信张晤本是无辜的,正是因为他的介入才一改绿豆的下行趋势,转为大幅度的飙涨。

第四步曲:对敲。根据图3—4显示,在2010年4月间,绿豆炒家自买自卖,推波助澜,从而再度拉抬了绿豆价格。而到了2010年5月份之后,绿豆炒家开始套现离场。

三、当青菜坐上过山车

背景提示

在 2010 年上半年的农产品涨价行情中,不仅涌现出"蒜你狠"、"豆你玩"等网络词汇,随着水果、蔬菜的上涨,"菜奴"、"果奴"的说法也不胫而走。根据有关媒体在 5 月末的调查,菜市场中近 20 种蔬菜,至少 1/3 的蔬菜要价超过每斤 4 元,每斤 1 元以下的蔬菜几乎绝迹,蔬菜市场已经正式进入了以元为交易单位的"元时代"。按照国家统计局日前发布的最新数据显示,4 月 CPI 的上涨幅度为 2.8%,农副产品是主要的推动因素之一,其中鲜菜价格上涨 24.9%,鲜果价格上涨 16.4%,推高 cIX 约 1.9 个百分点。如果说,炒作大蒜、绿豆这些便于储藏的品种,还存在充足炒作周期,有利于资金操盘的话,那么,新鲜水果、蔬菜这些不便于储藏的品种,资金操盘又会采取什么样的手法呢?

但是不可储藏的蔬菜的价格上涨又是怎么回事呢?2008 年 12 月河南汝州的大白菜六分钱一公斤,甚至一车才卖 10 块钱,如果实在卖不完,就烂在市场里,这个事情读者经常看到,对不对?但是 2叭0 年情况就大不相同了。以上海市番茄批发价为例(图 3—5),2010 年 5 月 6 日是一斤 3 块钱,7 日涨到 4 块,13 日又跌到 2.5 元,价格怎么变动这么快?图 3—6 显示福州市(亚峰)蔬菜批发市场的豆角价格,5 月 12 日 5 块钱,5 月 14 日 7 块钱,5 月 17 日又降到 5 块钱,5 月 24 日跌到 3.4 元,这个价格波动跟股价差不多了,为什么?因为基本上全部是操纵。

通过我们最近做的研究发现,有一些菜农、菜贩子说,最近卖菜就像搞股票一样。以图3~5的上海农产品批发市场的番茄和图3—6的福州市亚峰蔬菜市场的豆角为例,读者可以仔细看下,价格的波动是不是像买卖股票一样?其实这些菜贩子真的很可怜,拿出几万块钱进货,搞得自己每天心惊胆战的,他们总在不停地琢磨,进货价格高了卖不出去怎么办?可能今天价格涨了,明天就跌了,后天可能涨也可能跌。为什么价格波动得这么厉害呢?这是大中小三大批发商的博弈结果,这些批发商通过下面两步曲操纵了蔬菜的价格。

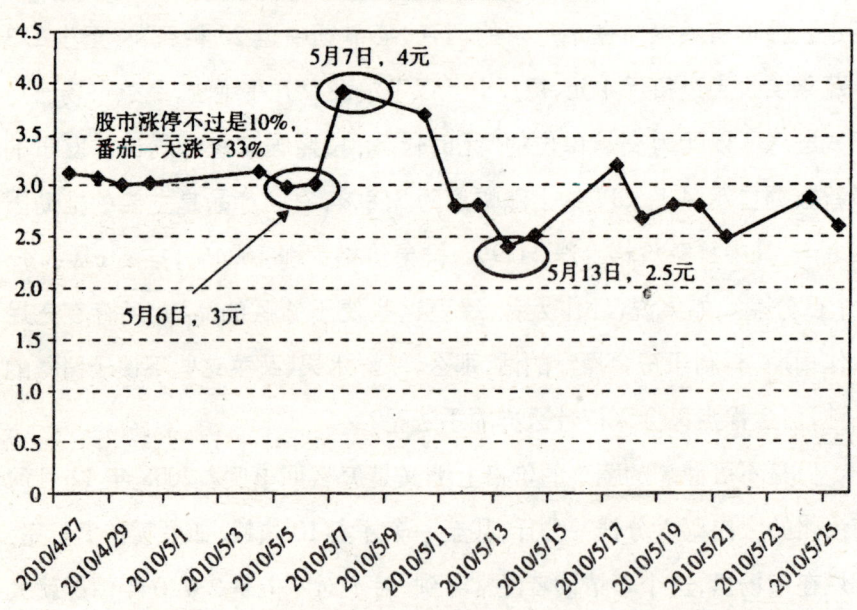

上海农产品批发市场番茄价格(元/公斤)

图3-5 上海农产品批发市场2010年4月27日到5月25日的番茄价格走势图

第一步曲:降价。大批发商用这个方式打跑对手,控制上游。举个例子,假设大中小三个批发商刚开始的时候都是两块钱进的货,然后大批发商用1块5毛钱的价格在市场抛售,造成亏损,他们的目的是要把那些中小批发商全部挤走,这样他才能垄断。垄断以后他再回去控制菜源,怎么控制?他们跑去找这些种菜的农民,告诉他们说,农民同志,市场价格一

福州市亚峰蔬菜批发市场豆角价格（元/公斤）

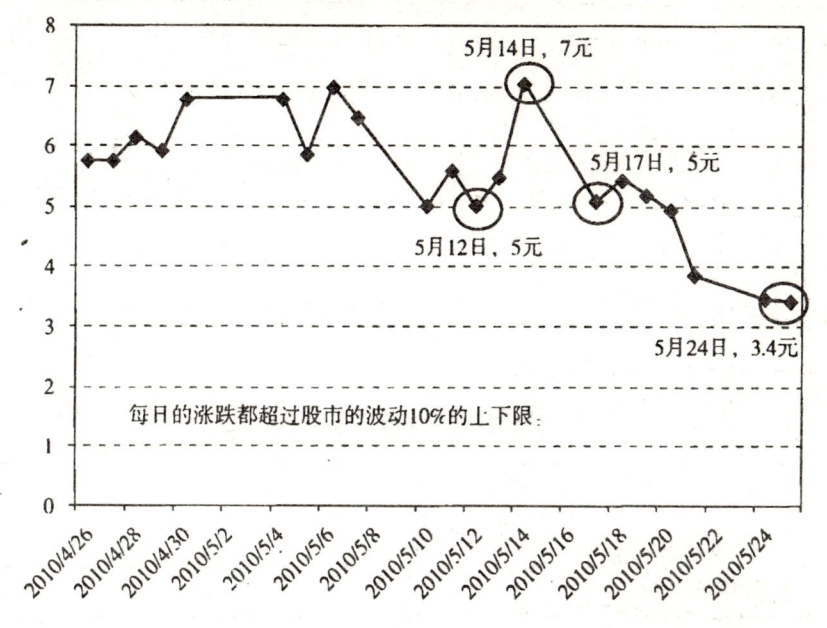

图中标注：5月14日，7元；5月12日，5元；5月17日，5元；5月24日，3.4元；每日的涨跌都超过股市的波动10%的上下限。

图3-6 福州农产品2010年4月26日到5月24日的豆角价格走势图

斤只有一块半了，我给你2块钱收购你的菜好不好？农民一听非常激动，怎么会有这么好的人？给我2块钱的价格，农民自然很高兴地接受了。接着大批发商又说，不过你得答应我两个条件：第一个条件，你的菜全部让我收购；第二个条件，一个口令一个动作。我什么时候叫你去拔菜，你就拔菜，反正绿菜放在田里面多两三个礼拜也没问题的。这个时候，如果又有新的对手进来怎么办？那就再来一次降价，再打到1块5毛钱把新对手赶走，反正大批发商为了暴利，也不差这点钱。

第二步曲：控制中下游，造成缺货现象。然后这些大批发商就告诉农民，不准他们现在拔菜，目的就是要造成市场缺货的现象，拉高菜价，套现离场。他们干的事情和炒绿豆、炒大蒜是不一样的。因为大蒜和绿豆是可储藏的，炒作的话是要打持久战的。但是绿色蔬菜这玩意儿就不一样了，它不能储藏，所以只能是个短期活，价格必须在几天之内大涨大跌。

各位读者应该为中国的市场经济哭泣。为什么？因为我们中国是一个从来没有经历过市场经济的国家，却总是把什么事情都推给市场解决。比如说我们国家过去的医改、教改、房改，政府自己扛不了了，就都不扛了，就把这些问题统统推给市场去解决，最后是什么结果呢？"医改之后看不起病，教改之后上不起学，房改之后住不起屋"。现在又把蔬菜价格推给市场，结果就只能是被操纵了。

四、我们的模式错在哪里

背景提示

2010年5月26日，国务院总理温家宝主持召开国务院常务会议，指出要严厉打击囤积居奇、哄抬、炒作农产品价格等违法行为。经国务院批准，国家发改委、商务部、国家工商总局联合下发通知，要求地方各级人民政府切实加强农产品市场监管，严厉打击囤积居奇、哄抬农产品价格等炒作行为，坚决维护正常市场秩序，促进价格总水平基本稳定。随着国家政府部门联合出手，大蒜、绿豆等前期疯涨的农产品市场价格随即回落。更加值得关注的是，本次国务院常务会议确定的是双管齐下的策略，即在要求国家相关部门组织市场监管和严厉打击炒作农产品专项行动的同时，国家发改委派出了十几个调研组到各地进行调研。据报道，本次发改委一行的目的，是从支持建设蔬菜生产基地、大型农产品批发市场和高效物流体系等入手，研究稳定蔬菜等农产品生产和价格的长效机制。那么，2010年上半年发生的农产品价格上涨到底与以往的市场价格上涨有哪些不同？在农产品生产体系中到底又需要完善哪些方面的问题呢？

读者看看我们刚刚讲的可储藏和不可储藏农产品的操纵,就会发现他们是如何精心策划来操纵这个市场的。过去我们思维里还有个误区,我们总认为这些批发商是控制渠道,图利一下自己,谁做生意不是为了挣点利润呢,没有那么暴利的。还拿上面这个例子来说,农民种的菜卖给批发商是1块钱1斤,然后因为批发商控制了渠道,它就可以以10块钱1斤的价格卖给我们广大消费者,我们没有办法不买,因为没有其他人卖给我们,渠道都被这些大批发商们垄断了,已经没有竞争了。这样的话,批发商就一下子赚了9块钱。再看看我们政府是怎么处理这个问题的?政府仅仅是简单地提高收购价。就好比过去批发商收购价是1块钱,然后卖给我们10块钱,从中赚了9块钱。现在政府要求批发商把收购价提高到2块钱,透过这个方式,把批发商的利润压缩到8块钱。政府干的事叫什么?就叫做"下游不准涨价,提高农民的上游收购价"。我们的政府到现在还是在用这种古老的思维方式考虑问题。

要知道,现在时代不一样了。你突然发现,这些批发商已经不是过去赚9块钱的那些人了。他们透过我前面讲的四步曲和二步曲的方式,操纵可储藏和不可储藏的农产品。农民还是拿1块钱,农民被剥削了。而我们广大消费者呢?更惨了,过去10块钱的菜,现在卖给我们就90块、100块,甚至卖到1 000块都有可能,我们消费者也被剥削了。整个市场就被这些炒家给操纵了,他们不仅剥削了农民,也剥削了全体消费者。而且这些炒家很可恶,我在2009年的下半年曾经批评过大蒜的操纵,这些炒家竟然找了一批人在网站上对我进行人身攻击,他们实在是不知道天高地厚,竟然又进一步操纵媒体对郎咸平开战了,读者可以想一下,这些人有多么嚣张。为了还击他们,我不但继续再次深入调研大蒜的操纵,同时把战场扩大到其他可储藏和不可储藏的农产品,我的目的很简单,就是要保护农民和消费者的权益。

读者可能要问我了，你认为我们政府该如何处理这个问题呢？首先我得说一下，过去1块钱给农民，9块钱给批发商，10块钱的零售价模式已经不复存在了。现在的这些批发商已经不满足挣那么点小钱了，他们会把价格炒到90块，炒到100块，甚至1 000块。所以我呼吁政府开始逮捕这些农产品炒家，因为他们操纵价格，形成了农产品的垄断。什么叫垄断？联合起来控制价格的行为就是垄断，我们最近不是出台了一部反垄断法吗？我认为，反垄断法必须用在这些人身上。

为了给政府更多的思路，我想谈一下在美国如果图谋垄断市场、控制价格，会受到怎样的惩罚？2001年至2006年，乐金、夏普、华映、三星涉嫌多次操纵电脑荧幕和液晶电视面板的价格。美国司法部介入调查，我以前讲到过，美国的司法部调查时很高效、也很严格的，最后搞得几个厂商都不得不认罪。给它们的惩罚是什么？乐金、夏普、华映三家总共罚款5.85亿美元，这还不止，其中4名主管被判刑4个月到16个月不等。你看，其实我们不但可以高额罚款，同时也可以追究刑事责任，可以判刑。三星比较识时务，非常配合司法部的调查，所以被免予处罚。2010年5月21日，欧盟委员会向10家内存制造商，包括三星、海力士、英飞凌、华映、日立、三菱、东芝、尔必达、南亚、美光等开出3.31亿欧元的罚单。原因是什么？它们操纵了内存的价格！由于美光当了污点证人，被免予处罚。所以，我呼吁，请政府部门立刻派出公安到图3—1和图3—2中画圈的地方，把那些大规模租用冷冻仓库的人全部抓起来，他们肯定都是炒家，不会错的。然后再利用反垄断法起诉他们，因为这些炒家是我们农民和消费者的敌人。

五、从新奇士模式看产业链整合

背景提示

美国新奇士种植者公司创立于1893年,是世界上历史最久、规模最大的柑橘营销机构。与很多食品公司不同,新奇士由加州与亚利桑那州6 000多名柑橘种植者所共同拥有。他们中的大部分都是小型的个体果农,其中约2 000名种植柠檬。每年,新奇士果农把他们的柳橙、柠檬、葡萄柚和其他许多应季产品销往世界各地。

农业产业链出现于20世纪50年代的美国。这种有别于传统农业生产的新产业结构,使得美国农业形成了与美国其他产业部门相同的生产方式,其经营机制就此进入到现代管理体系中。继美国之后,农业产业链在世界范围内得到了发展和完善。美国、加拿大、日本等国,农业产业链发展都已经达到了相当高的程度。我国农业产业化经营是从20世纪90年代初兴起的,经过近20年的发展,农业产业化正由局部探索转入全面推进。由于看好我国农业产业化的发展前景,越来越多的投资者开始关注农业领域,一场新的"上山下乡"运动正在投资领域悄然展开。随着整个社会经济格局的调整,包括全球化步伐的加快,中国也在面临着各种各样的新挑战,那么,农业产业链的们应该如何构筑我们自己的农业产业链呢?

最后,我想以美国新奇士模式作为我们的解决方案。新奇士模式是一种农业的产业链,包括种子、种苗、农药、化肥、科技指导、股东、收赂包装、仓储运输、批发零售。这和工业产业链不一样。

我呼吁学习美国的新奇士模式,整合整条农业产业链。也就是说,透过政府或者是中间批发商和农民做整合。怎么整合?

第一步,给农民股权。农民的股权不是看他们实际出资多少,而是根据每个农民生产多少农产品来配给股权。如果农民 A 有 5 个橘子,农民 B 有 3 个橘子,农民 C 有 2 个橘子,那这三个农民的股权就是 50%、30% 禾口 20%。

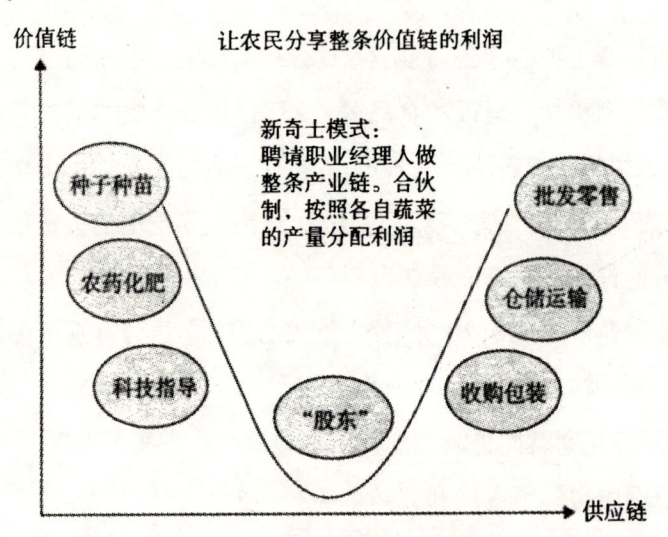

图 3-7 新奇士农业产业链模式

第二步。聘请职业经理人贯穿经营整条产业链。整条产业链的利润分配必须公开、透明。每一个产业链环节必须赚合理的利润。也就是说,农民不应该只赚 1 块钱,他应该赚 3 块钱,最后的利润应该按照 50%、30%、20% 的股权比例来分配这 3 块钱。把中间环节压缩到 2 块钱,最后零售价就不是 10 块钱,而是 5 块钱了。

我们把这种新的产业链整合和反垄断法结合起来,结果是农民得到了实惠,消费者也得到了实惠。你不要看这个事情小,你能做到这一步的话,就做到了我一再呼吁的藏富于民的第一步。过去我们要花10块钱买的菜,现在5块钱就可以买到,消费者就可以省下5块钱。如果农民过去只能赚1块钱的话,现在就可以赚3块钱,农民也就富裕了,这就是我所说的藏富于民。

延伸阅读

粮食战争：市场、权力和世界食物体系的隐形战争

在跨国企业已掌控中国植物油定价权的情况下，如果进一步取得粮食流通的控制权，会使中国失去粮食定价权，给中国粮食宏观调控和粮食安全造成被动。于是，在国际粮价高涨的情况下，中国阻断了国际市场向国内的传导通道，暂时保持了国内粮食价格的基本稳定。中国粮食生产对外依存度虽然较低，但中国化肥生产中硫磺与钾肥高度对外依赖，国外有可能通过提高肥料成本，抬高中国粮食价格。

一家跨国企业，通过几年的发展，在中国小包装食用油市场居垄断地位，占中国市场份额的60%~70%。掌握了中国植物油销售的终端渠道，然后再建立或收购面粉厂、大米加工厂，用植物油的销售渠道进入粮食消费市场，这是一条明显的布局式的战略路线图。

业内某权威指出：世界四大粮商一方面建立粮食加工流通企业，一方面开始寻找粮源。中储粮是中国最大的粮食储备企业，是四大粮商合作的首选对象。三年后四大粮商会成为中国粮食加工销售的龙头。一些地方政府在招商引资中，普遍存在外资优于内资的思想，给他们提供各种便利条件建立或并购粮食加工企业。即使跨国粮商不与中储粮合作，他们也能找到粮源。

这位权威人士又透露出我们的短板：目前，中储粮作为中国最大的粮

源控制企业,具有较强的实力,却没有粮食加工业务。中粮集团有加工业务,却不能掌控粮源,销售网络也不够。华粮集团虽然在中国属于比较大的企业,但实力与跨国公司不能相提并论。目前中国粮食市场调控存在的一大问题是只有储备,没有加工品和销售的控制,这样就会给调控带来风险。

粮食安全的关键在加工流通领域,跨国公司想用低价粮食冲击生产的可能性不大,但如果掌握了粮食加工流通,就掌握了粮食制成品的定价权,这会影响到中国粮食市场的调控。跨国粮商不仅有强大的资金优势,而且通过食用油已建立起营销网络,并树立了一系列品牌。他们利用这些优势,与中国粮食加工企业竞争,会有很强的杀伤力。

本文摘自[英]拉吉·帕特尔(Raj Patel)的《粮食战争:市场、权力和世界食物体系的隐形战争》

第四章
为什么我们的食品这么不安全

近日,一篇关于"你肯定吃过地沟油"的报道引起全国关注,武汉工业学院的何东平教授和他领导的"城市餐厨垃圾的加工与应用"研究小组,在暗中调查地沟油长达六年后,终于浮出水面。调查到的情况触目惊心!职业地沟油回收者将地沟油经过一夜的过滤、加热、沉淀、分离,变身为清亮的"食用油",低价出售,回流餐桌。综合统计结果显示,国内地沟油一年的总利润达到15亿~20亿元。2010年3月18日国家食品药品监督局下发了《严防"地沟油"流入餐饮服务环节的紧急通知》,要求各地迅速开展检查。然而,要想彻底斩断地沟油这条污秽的产业链,在监管、理念和技术各个环节上,我们仍然有很长的路要走。

一、百倍于砒霜？黑暗下的黄曲霉素

最近餐桌上的学问越来越高深莫测，让人难以琢磨了。就拿食用油来讲，不但有我在《郎咸平说：新帝国主义在中国》和《郎咸平说：新帝国主义在中国2》中所谈到的转基因的问题，还有现在又出来个地沟油的问题。我不得不佩服，这个地沟油真是给我们充分展示了什么叫循环经济，什么是充分的变废为宝。而我本人也是这个所谓的循环经济的最大受害者，因为我经常在外面吃饭。我现在真的是谈吃色变，一看到路边炸油条的，价钱又那么便宜，我就直觉地想到了地沟油。此外，还有我最喜欢吃的，像水煮鱼、川味火锅、毛血旺什么的，我也担心都是地沟油做的！否则水煮鱼放那么大一锅油，如果不是地沟油，价格怎么会那么便宜呢？饭店是不会做赔钱的生意的。

我有必要先明确一下，到底什么是地沟油？按照表面上的理解，它应该是指从地沟里、下水道里掏出来的油。但这只是个最直接的概念，也是最明显、最好理解的。更确切点说，其实它是一个综合概念。第一种，就是我们平时所说的潲水油；第二种，是由动物的内脏加工提炼的动物油；而第三种则是超过使用次数的油。其实说白了，也就等于说一切劣质的、有问题的油都叫做地沟油。按照我们的数据显示，我们每一年消耗的油大概是2 200万吨，从中可以产出大概330万吨的废弃油脂，从这些废弃油脂中可以提炼出270万吨的地沟油回流市场。按照这个比例的话，我们吃的东西里面，大概1/10都是地沟油做的，当然这是最高的比例，真实的比例应该低得多。想想也真悲哀，地沟油这个连猪都不吃的东西，现在却让我们给吃了！

而且,地沟油的危害是潜移默化的,我的助理曾经问了几个急诊科的医生,有没有收治过因为食用地沟油而出现症状的病人?他们说到目前为止还没有,但是,他们说地沟油里含有一种叫做黄曲霉素的致癌物质,而黄曲霉素的毒性是砒霜的100多倍!

二、伪装下的地沟油:辨别难似"哥德巴赫猜想"

我看到网上为辨别地沟油提出了几种观点,其中有一个观点特别有意思,说要想辨别地?油,必须要一看、二闻、三尝、四听、五问。你看,望闻问切,连中医看病的方法都用上了!但实际上,即使是这样,还是很难分辨的,为什么这么说?看我给大家一个一个地进行解释。

第一个是看。如果小摊小贩拿过来的就是黑油,你会吃吗?你肯定不会吃的。但是如果你看到的油是透明的呢?要知道,地沟油提炼的过程中,那些不良业者会利用化工原料把脏油的颜色褪掉,你看到的地沟油是很清很亮的,你从颜色上根本就看不出来的。

第二个是闻。如果说你闻一下地沟油,就会发现这油闻起来还挺香。这是怎么回事?这是因为这些不良业者用烧碱去臭之后,再往里添加一些花生精之类的东西,这样弄出来的地沟油会散发出一股挺重的香味。本来你还不怎么饿,闻了地沟油的味道之后,搞得你倒感觉到饿了。

第三个是尝。尝尝有没有什么臭味、异味之类的,我估计也尝不出来,反正在我过去不知道情况的时候,估计也吃了不少地沟油,也没有什么感觉异常的。

第四个是听。这个可能就不是针对餐馆了,谁吃饭的时候还用根筷子蘸点油,然后把油弄到纸上烧一下的?我估计全国人民还真没有谁这样做过吧。这个可能主要是针对那些在商场里买了油之后,回家想看看是不是劣质油,就拿两滴油滴在纸上烧一下,如果咔吧咔吧响,那你买的可能就是劣品了。因为油和水混在一起的时候,加热到一定程度,就会发出吱啦吱啦的响声。

第五个是问。这个好像是让我们去餐馆里吃饭的时候,先到厨房里去问一下,问厨房里的人,他们炒菜用的是不是地沟油。你想他们会怎么回答?他们肯定会说"当然不是"。

所以,用这个中医的望闻问切来辨别地沟油的话,到最后也只能是白忙活一场了。

三、地沟油,中国"最完美"的产业链?

很多读者会很奇怪,哪来的这么多的地沟油?我告诉你,在地沟油的背后,有一个非常完整、高效的产业链,而且它还是一个彻底的循环经济,因为它真正做到了从餐桌回到餐桌。其实这个问题不仅仅存在于珠三角地区,全国都有的,它完全是一个全国性的产业链。最开始是从武汉传出来的,然后才到的珠三角的各个城市。我相信如果到全国去查的话,估计每个城市都有,我们在调查的过程中发现地沟油主要有三大流向。第一个流向,是从高档酒楼流出来的废弃油脂,经过收集者的收集、运输,最后到了化工厂,然后提炼成生物燃料,用于工业生产了。第二个流向,那些饲养家畜的人员将泔水油、潲水油拿来喂猪、喂羊、喂鸭。可能这个问题也不大,毕竟毒性是经过猪、鸭这些动物、禽类的身体过滤的,人即使是吃了这些用泔水油、潲水油养大的家畜、家禽,也可能这些家畜、家禽身上还残留些地沟油的毒性,但估计被人体吸收的也没有太多,危害也没有那么大。而第三个流向,是我们最担心的,也是很可怕的。地沟油从酒楼里出来了,被那些不良业者加工后,又被卖回去,最终回流到餐桌上,让我们给吃了。

说到这里,我想问下各位,你们知道地沟油是如何提炼的吗?其实很简单,就是支个锅、支个灶,先把水和油分离开。这实际上是个很简单的过程,因为水一加热就蒸发了,关键是如何把油脂和里面的杂质分开。怎么分?这时候这些提炼的人就会往这些分离出来的油里加了一些我们很不愿意看到的东西,比如说脱色剂,还有香精。现在有人在网上卖脱色剂,最便宜的时候才1块钱1公斤。提炼1吨地沟油需要多少脱色剂呢?我大概算了一下,是25公斤,如果按1块5毛钱一公斤算的话。基本上都卖这个价,也就是三四十块钱。香精的危害大家都应该清楚的,那些搞提炼的人也是清楚的,可是,即使这样,他们还是利欲熏心,去追求这样的利益,最终使地沟油又回到了我们的餐桌上。

我经常在媒体上呼吁我们的企业要搞产业链整合。也就是要企业从产品设计、原料采购、生产加工、仓储运输、订单处理,到批发、零售。把这整个链条串在一起。这样就可以提高效率、降低成本、增加利润。我现在发现,我所想推动的产业链整合在我们真正的企业里推动的都不怎么到位,但是地沟油却做得相当到位了。我们看下,这个地沟油产业链做得有多么紧凑。我们先拿产品设计这个环节来说,他们这些不良业者就有这种水平,能把地沟油"设计"成我们的食用油,而且不但颜色挺好看,味道也挺香。这种研发水平真是不一般的。原料采购呢?那就不用多讲了,直接从餐厅里面拿出来的潲水,就是他们提炼地沟油的主要原料了。而且这种原料的采购是垄断性的,别的人不能进入的。进入的话他就揍你,而且还有黑道介入,所以对于那些从事地沟油勾当的人来说,原料采购是很有保障的,效率还特别高。再说下地沟油的生产加工,效率高得超出你我的想象。他们竟然一个晚上就可以把地沟油转化成食用油。还有订单处理,也就是直接再卖回给出售潲水的这些餐厅。当然还有批发零售,这是指直接卖给我们消费者的环节。你瞧瞧咱们中国的这个地沟油行业,可以称得上是全世界整合的最彻底、最高效的产业链了。

那么,到底是什么因素造就了地沟油的如此完美的产业链?是高利润!你知道地沟油这个行当一年能有多少利润吗?我告诉你,它一年的总利润能达到15亿~20亿元,这是个什么概念?就是说我们把整个广东省的制造业的利润加到一起的话,还跟地沟油行业的利润差了一大截呢。你能想象得到吗?一些职业掏地沟油的一个月的收入可以上万啊,相当于高级白领的收入了。一个餐馆如果把地沟油的开采权利,给了某个固定的职业掏地沟油者,也能拿到200万元。我们很多老百姓一辈子也挣不了200万元的。我知道的,有一个地沟油的内幕者,他本身是做养殖生意的,他说他平时就经常到酒楼里收集潲水油,每1吨要交100块钱。他的规模不是特别大,一般都是在城乡结合部的小树林这样的地方搞个大锅,比如说养猪场附近就有很多这种大锅。他把地沟油收集来之后,主要还是拿来养猪的,他先把这些东西放在大锅里加热,然后再给猪或者鸭吃。剩下来的油,也就是动物吃不了的,他就把这些油刮出来,放在另外一个地方。这时候,另外一个人就出现了,这个人就是真正从事地沟油生意的,他们搞了一个黑加工厂,为了弄到更多更便宜的原材料,他们就挨家挨户地从这些养猪场里把地沟油搜集起来,然后一个晚上就可以把这些地沟油变成清亮亮的"食用油"。

我们做了个简单的计算,市场上食用油的价格是1吨6 000块。而地沟油的成本,包括人工在内,大概也就是300块钱,提炼出来的地沟油可以卖到1吨3 000块!这简直就是暴利,比做高科技的利润还高啊。其实还不止地沟油,比如说盗版光盘,制造光盘的利润跟地沟油的利润差不多的。其实，中国这些阴暗角落的地下经济是非常可怕的，不但利润高，而且效率也高。东方出版社常开玩笑说我的DVD不好卖，他们非常希望能够找到地下经济的盗版光碟批发商，用每张碟两块钱的低价卖给他们，请他们代售，肯定比正规渠道顺畅多了。不过现在路边卖的有不少我的盗版书和盗版光盘，听那些小商小贩说销量还不错，这也说明了透过这种地下经济的产业链，我对中国的就业是有着巨大贡献的。

四、日本模式，离我们到底有多远

不知道大家相不相信，其实全世界只要有人的地方，就有潲水油存在。关键是看各国政府怎么处理这个问题。我想先谈一下日本是如何成功处理地沟油的。60年代的日本和我们一样，也有过地沟油现象，但是很短暂，问题出来之后就很快沉到历史的尘埃之中了。日本怎么做的呢？日本是个很讲究环保的国家，政府把大量的环保经费拿过来改造地沟油，让地沟油回流到我们上面所说的第一个流向中去，形成生物燃料。你看现在日本的垃圾车用的都是由地沟油转化过来的燃料。他们的具体做法就是对这些人吃完之后给猪吃，猪又吃不完的油，政府提高收购价格，也就是说，你把这些猪也吃不完的油卖给生物燃料工厂得到的价格，高于你卖给黑心商人的价格，你当然就不会再把这些油卖给黑心商人了。所以，地沟油的流程从这个时候就开始转向，转成制造生物燃料所用的原材料了。

而且日本在疏导地沟油产业链的同时，对本国的就业也有很大的帮助。想想看。收购地沟油的话，是不是需要聘用低级劳力？提炼呢，就需要高级劳力、高级技工。还有销售生物燃料，是需要销售人员的。所以，日本通过疏导地沟油的产业链,增加了很多低、中、高端就业市场的就业机会。

　　而且,日本的环保单位跟工商局分工也很明确,环保单位的职责是检查你制造出来的燃料油是不是环保,工商局检查的是燃料的质量达不达标。日本的环保局和工商局所扮演的角色和我们完全不一样的。我们的环保局和工商局的主要任务是罚款,哪个环节有问题就赶快来罚款,我们还不能怪它们,因为它们要创收嘛!日本的政府在整个制造生物燃料的过程中扮演了非常重要的角色,疏导地沟油产业链的结果对政府和老百姓都是有利的。我们目前还没有怎样疏导地沟油的产业链,因此对我们消费者来说,是非常不利的。

延伸阅读

不能吃的药

　　成为正式医生后,我尽量使用一些与患者病情相符的药物,如果还是无法避免副作用,便争取早日发现病人的不适,努力将伤害减至最低？此后,在治疗患者的过程中,我也一直秉承这样的原则。而在医院中我还与同事们一起开发了公害监视网系统以及违禁药品的检验系统,为治疗工作提供了有力的支持。

　　但是,我渐渐地感觉到,即便有了这些监视和检验系统,有些问题依然无法解决,而且这类问题还有逐年增加的趋势。原因在于,1980年以后新药物大量出现,这些新药物都是具有毒性的,更谈不上治病了,其中也包括一些将旧的药物进行改良的改良药物等。这些药物通常价格很高,因此出现了药物的价值与价格完全不符的现象。1994年和1995年,有关方面组织了药物的国际价格比较工作,？我本人也对药物的真正价值作了个人评估。在将这些评估与公布的价格进行比较后,得出的结论证实了我的推断是正确的:的确存在药物的价值与价格不符合的情况。

　　20世纪90年代,日本发生了轰动一时的索立夫定事件(1993年,由于同时使用抗癌药物及抗带状疱疹皮肤病毒的药物,此药物在上市后的一个月内,导致15人死亡),在此次事件中药物价格、医疗系统问题、药物评价的尺度过于宽泛(让患者看到夸大的效果,掩饰药物的危害程度)等问题暴露无遗。

　　"是药三分毒",阿司匹林虽然效果不错,但有可能引发麻疹症候群这一严重脑疾,所？当儿童患上感冒或流感时,是不能使用这一药物的。

乙酰氨基酚是WHO(世界卫生组织)列入必需药物清单中的一种药,但是此药如果过量使用,就会引起肝功能障碍,甚至导致死亡。有关方面对新药的审查其实并不严格,即便只是作为普通药物来使用,这些药物对人体的影响依然是弊大于利。

本文摘自[日]滨六郎的《不能吃的药》

第五章
为什么我们的产品这么不靠谱

霸王的产品质量真有问题吗？
我们究竟错在了哪里？
媒体报道的底线是什么？
什么才是正确的政府角色？

一、就在你身边的虚假宣传：
霸王洗发水和云南白药牙膏

估计大家都看过霸王的广告吧，请国际巨星成龙代言的那个。成龙在广告里说，霸王有百年的历史，是享誉中外的中药世家。还说它们的洗发水是采集中草药的精华原液，像什么首乌、黑芝麻、人参、当归、灵芝、墨早等等，精制而成的。最重要的是他在广告里清清楚楚地说霸王是中药的，没有任何化学成分。可能就是这句话给媒体留下了深刻的印象，媒体很好奇，就做了实际的调查，并公布了调查结果。香港的媒体《壹周刊》报道说霸王的洗发水里含有致癌物"二恶烷"。这可引起了轩然大波，霸王精心打造的中药形象也被损坏了。

问题是霸王的产品质量真有问题吗？其实没有。要知道我们内地和香港对二恶烷的含量其实并没有明确的限定标准。欧盟和美国地区规定，成品中二恶烷的含量应该小于20ppm（百万分之二十），也就是说，只要不高于这个比例，产品都是安全的。在原料中，只要含量小于100ppm（百万分之一百），也是安全的。《壹周刊》说，检验的霸王产品，它的二恶烷含量为10ppm（百万分之十），是低于欧盟和美国地区含量标准的。也就是说，霸王的产品在欧洲美国都可以销售，质量是没有问题的。其实广州市质量监督监测研究院也对市场上其他10款畅销洗发水做了抽检，其中9款都含"二恶烷"。可是人家都没问题，就只有霸王被搞得这么狼狈，读者想知道为什么吗？我告？你，霸王洗发水的质量是没有问题的，但是霸王做错了一样事情，那就是做虚假广告，隐瞒事实。

不仅霸王如此，其实2008年的时候，云南白药牙膏被告上法庭，也是因为做虚假广告。南京的一个消费者经常牙龈出血，看到云南白药牙膏的广告上说能"抑制牙龈出血、修复口腔溃疡"，是"国家保密配方"，于是就买了这个牙膏用，可用过之后，不但没有达到广告上说的这些效果，反而因为牙龈酸痛必须去医院治疗。这个消费者很生气，就把云南白药牙膏厂、它的代言人，还有零售商都告上了法庭。云南白药牙膏说它们没有错，它们产品的整个包装标注都？符合国家标准的，而且包装里还有说明书，在说明书里也详细地注明了，"此产品不可替代药物，但具有帮助解决牙龈问题、修复黏膜损伤、营养牙龈、改善牙部健康的作用"。

在这两起案件中,我们看到霸王和云南药业都说自己的产品没有问题,是完全符合国家规定的质量标准的。它们都没有明白一点,我们追究的其实并不是产品合不合格,而是它们做了虚假宣传。它们之所以老是从合不合法的角度辩解,明显是因为根本没有搞清楚自己到底犯了什么错。不知道大家有没想过,这种现象的背后是不是存在什么问题?为什么这种虚假宣传在我们中国总是屡?不止?是我们执法不力,还是法律本身不够完善?都不是!

二、我们究竟错在哪里

在我们内地出现三聚氰胺事件的时候,有不少人都跑去香港买奶粉。为什么?是因为我们相信香港食物的质量,能在香港上架销售的商品,一般不会有质量问题。怎么会出现这么大的差别?这是因为香港对违法事件的处罚非常严厉,大家都不愿意冒这个险。而且香港政府在问题出现后都会持续跟进,一直到问题被彻底解决掉。内地呢?从以往的事件看,基本上都是三天热乎劲,只要过了风头就没事了,政府也不会一直揪着不放。看看我们对三鹿事件的处理吧。三鹿出了这么大的问题,我们的处理结果是什么?21人被判刑,其中2人被执行死刑,石家庄市长被撤职。读者觉得这个处罚够重吗?他们毒害我们那么多无辜的孩子。对这些连这种事情都干得出来的人,怎么处罚都不为过。更让人觉得不可思议的是,案子就这么结束了,没有人再去调查了,而且根本没有人去做系统的报告,去探讨为什么会出事。那些避过风头的人也都开始复出了,例如,被记大过的原河北农业厅厅长刘大群调任邢台市担任市委副书记兼市长。更为可怕的是,2008年的三鹿三聚氰胺奶粉并没有全部销毁,2010

年7月,甘肃、青海、吉林三地出现的三聚氰胺奶粉,经调查被发现竟然是三鹿奶粉重新加工的。由此你就可以看出我们到底有没有吸取过教训,我们从来都不知道什么叫前车之鉴。

我们再来看看香港在碰到这种事情的时候,是怎么处理的。

背景提示

香港毒奶粉事件。2008年9月11日"毒奶粉"曝光,香港政府当天即全面检测市场上的奶制品。11天后,特区政府紧急颁布《2008年食物内有害物质(修订)规例》。乳制品三聚氰胺浓度不得超过每公斤1毫克,而其他食物可容许的最高浓度不得超过每公斤2.5毫克,标准比欧美还要严厉。此后香港食物安全中心每天都公布新的检验结果,并且率先检验出了鸡蛋里面含有三聚氰胺,然后就是伊利雪糕、朱古力夹心饼干等等。发现不合格产品立刻下架。

香港就是这样处理问题的,而且出了问题一定会跟进,它的目的是要防止此类事件再次发生。香港的这一措施,一个月就见到了效果,他们在接下来的11月1日又检测了63个品种,包括奶和奶粉、婴儿食品、鸡蛋和面粉样本,结果显示全部合格,包括从内地进口的。直到现在,香港食物安全中心仍然是每天都公布检测结果,每个月出一份食物安全报告。所以,我们现在在香港再也看不到与三聚氰胺相关的产品。

我再举个例子,看看香港在面对此类事件的时候,是怎么做的。2004年的时候,香港有一起食物中毒事件。在1月至3月间,香港发生了25起雪卡毒食物中毒事件,引起了食物安全及环境卫生署的重视。随即在5月25日,就此事在立法会进行讨论,了解了事情的真相:原来雪卡毒中毒是因为吃珊瑚鱼,但这些鱼进口到香港的时候都是活的,香港当时也没有关于活海鱼进口的法律法规。他们就决定实行一个政策:"从新开发捕鱼区进口珊瑚鱼前,先进行雪卡毒素测试;加强珊瑚鱼的自愿申报制度及抽样检查的规定。"这种事情如果发生在中国内地的话可能就没有下文了。为什么呢?因为这种事情在内地是不需要官员负责的,和这些官员头上的乌纱帽也没有多大关系,因为这不是由于某人的过错而引起的。但是在香港,它们就没有敷衍了事。7月13日,立法会食物安全及环境卫生事务委员会又重新开会,检讨之前的这个措施是不是有效。并且开始向澳洲学习防范此类事情的经验,同时提出了进一步的建议,并且订立了相应的规章。12月14日,鉴于实际情况,立法会建议推出强制性规管珊瑚鱼计划。实施《进口和售卖供人食用的活海鱼作业守则》,包括进口许可证、固定的鱼货卸运码头、强制保存记录、禁止售卖某些产品等。2005年7月12日,立法会再次开会对《进口和售卖供人食用的活海鱼作业守则》进行检讨。它们就是这样连续性地进行检讨,再连续性地评估它的效果。直到最后发现确实起到了作用,才算告一段落。请问我们内地能做到这一点吗?

从上面香港对这两个事件的处理可以看出香港和内地的区别。香港在面对一个事情的时候,态度是什么?是能够从前到后持续跟进,而且不断改进,目的呢?就是要让老百姓满意。一旦有什么安全事件,监察部门一定会在第一时间披露,而且后续工作一定会跟进,直到彻底解决问题,为什么呢?因为他们对老百姓负责。再看看我们内地,三鹿奶粉事件过去后,根本就没有人再理了,可能对监管部门来说,如果再出了什么事,无非就是再重新杀个人,重新撤掉两个官员而已。

三、媒体的底线：谁来捍卫我们的利益

现在的问题不仅仅在于政府，还有媒体。媒体报道的底线是什么？如果媒体报道有瑕疵，它们要不要承担责任？美国法院曾经在1964年的《纽约时报》案中确定了一个"真实恶意"原则。这个原则的意思是说，如果公职官员或者公众人物要告媒体诽谤的话，就必须证明媒体要么"明知故犯"，要么"严重失职"。也就是说，要么媒体明明知道内容是虚假的但仍然刊登，要么就是媒体对报道的内容有疑问，但却没有去核实真相。

我们再仔细回顾一下这个《纽约时报》案。1964年的《纽约时报》案是美国宪政史上一座里程碑，这件事情的起源是当时一个民权组织购买了《纽约时报》一个整版，刊登《请倾听他们呐喊》的政治宣传广告，只不过部分内容不真实、不准确，结果遭到了地方警官沙利文的投诉，官司一直打到了最高法院。在最高法院的判决中确立了刚才我说到的——"真实恶意"原则。就是说，作为公共官员，因处理公众事务遭受批评和指责，致使其个人名誉受到可能的损害时，不能动辄以诽谤罪起诉和要求金钱赔偿，除非公职官员能拿出证据，证明这种指责是出于"确实恶意"，"确实恶意"就是说要么非常清楚地证明《纽约时报》事先就知道广告内容为假，但照登不误，或者证明《纽约时报》已经怀疑了内容的真实性，但是不作为，不去核实事情真相。如果任何一点你都做不到，那么媒体就是受保护的。后来这一原则不仅适用于公职人员，还适用于公众人物。

背景提示

美国联邦最高法院认为，"如果以法规强迫官方行为的批评者保证

其所述全部情况属实,否则动辄即判有诽谤罪、处以不限量的赔偿,则可能导致'新闻自我检查'(semcensorship)。如果要求由被告负责举证,证明其所述情况属实,被禁锢的则将不仅仅是不实之词,更令官方行为的潜在批评者噤若寒蝉。即便他们相信自己的批判无不实之词,也会因为他们无法确定自己在法庭上能否证明所述情况属实,或是担心付不起讼诉费用,而在发表言论时多半会'远离非法禁区'。这样会阻碍公共辩论的力度,限制公共辩论的广度。"

从这一案件中,我们可以看得出来,美国法院对言论自由和新闻出版是非常偏袒的。在美国上下,普遍认同这个原则,那就是对于公众事务,应该多多地辩论,这种辩论应该是毫无拘束的、很有活力的,是一种广泛而公开的辩论,而且还可以对政府和公职官员进行抨击,哪怕你的言词有多激烈、语调有多尖刻,甚至让政府和官员感到很不爽,这都没有问题的。但是如果这种事情发生在我们国家的话,情况就不是这样了。我们的法律对媒体的保护根本不够。我先讲两个法院判决正确的例子,2006年的时候,有一个叫文清的,当时是中央电视台的主持人,她告重庆商报社侵犯了她的名誉权,胜诉了。你看我们法院是怎么判决的?"法院认为,重庆商报社未能证明其在刊登《车祸后不接电话也不赔偿央视主持人文清践什么》一文时,向此前网上撰写文清处理交通事故的作者进行了核实,也不能提供与报道对象文清进行核实的相关证据。据此,法院认定重庆商报社未尽审查义务,报道缺乏事实依据,内容严重失实,足以给文清造成负面的社会评价,严重损害其名誉。"我们不能说这个判决不对,因为它本身是合理的,只要读过新闻学的学生都知道,媒体对某一事件报道之前,对消息的真实性,是需要至少找两个以上的资料来源相互印证的,如果不这样的话,那就是"真实恶意"。

第二个例子是《体坛周报》曾经报道说,传闻某国脚涉嫌赌球。这篇文章又被《东方体育日报》引用,它们以《中哥战传范志毅涉嫌赌球》为题进行了报道。范志毅就此告《东方体育日报》侵犯了他的名誉权,后来事实证明,《东方体育日报》的报道并非主观臆断,因为它们在报道之前,搜集了12份真实的新闻证据,法院最后驳回了范志毅的诉讼请求。判决其实也很清楚,说媒体报道的内容可能不是完全反映了事实,但是因为《东方体育日报》有12份新闻作为证据,所以不符合"真实恶意"的原则。

霸王事件被媒体报道出来之后,霸王动不动就说要告媒体,这种做法其实挺可笑的。对于媒体来说,报道这个事件的目的是什么?是为了维护消费者的利益。霸王到现在也没有搞清楚状况。媒体报道这一事件是从保护消费者的角度出发的,媒体根本就没错,你企业有什么理由告人家?而且只要媒体既没有捏造事实,又没有蓄意诽谤,那这种报道就是没有问题的。其实就算媒体的报道和事实并不完全一致,有一些瑕疵,但只要能说明这些信息的来源,或者能根据多个信息来源互相印证,那么媒体就算尽到了责任,就可以发表这篇文章。其实,对于我们的媒体来说,想要真正做到言论自由,想说什么就能说什么,那还是需要很长的路要走的,而且这条路确实也不那么好走。当然,我说的这个想说什么就说什么的意思,并不是说我们就可以凭空捏造的,媒体说话还是要有根据的。还是要负责任的。

四、什么才是正确的政府角色

产品质量问题频频发生,似乎老百姓"以身试毒"都没能唤起政府官员的重视。其实霸王这个还不算什么严重的问题,毕竟它的产品质量达到了安全标准,最起码还不至于危害到我们老百姓的健康。看看我们之前的苏丹红、麦乐鸡、毒奶粉、毒大米、毒牙膏等等,这些事件风头一过,基本就没有人过问了,我们再也没看到任何的追踪和跟进。

其实这种事情不仅仅发生在我们中国,美国也有,100年前的美国,他们的食品药品生产比今天的我们好不到哪里去,也是一团乱麻。他们也有各种各样的黑心工厂,那时候的美国比起今天咱们中国的"行业黑幕"毫不逊色的。那为什么现在我们和他们有这么大的差距呢?就是因为他们懂得"亡羊补牢"。我举个例子,1937年的时候,美国一家医药公司在抗菌药磺胺酏剂中使用二甘醇作溶剂,造成107人死亡,后来设计这个药物的化学家自杀谢罪了。按照当时的法律,厂家是不用承担太多责任的。但是这个事件发生后,美国人就开始认真反省了,后来就出台了《1938年联邦食品、药品及化妆品法案》,这个法案要求所有新药都必须经过美国食品和药物管理局(FDA)的批准才可以上市。到上个世纪50年代,食品添加剂和色素也被要求经过FDA的许可才可以上市。

但是在这个时候,FDA的权力还受到比较多的限制,因为当新药申请之后,如果FDA在60天之内不采取行动的话,就视为自动通过。直到后来的"反应停"事件的发生,才大大增加了FDA批准新食品、新药的权力。

背景提示

"反应停"其实就是一种镇定剂,是德国1957年生产的,它能减轻怀孕早期的晨吐,1960年的时候提交给美国的FDA申请上市,但是因为FDA检测到这种镇定剂里可能含有神经性毒性,所以很久都没有批准。结果在1962年的时候,在46个上市销售这种镇定剂的国家发现了成千上万个因服用"反应停"导致的畸形婴儿。而美国因为没有批准这个镇定剂上市,逃过了这一劫。

这个事情让美国人认识到"有效性与安全性"的重要性,也认识到FDA的权力确实需要加强。也就是从这个时候,在美国新药与新食品成分获得批准的过程变得极为繁杂漫长。发展到现在,一个新药从基础研究到获得FDA授予临床研究批件(IND)就需要大概5年的时间,从Ⅰ期临床到Ⅲ期临床实验结束大概又需要7年,而且FDA审批也需要12个月。药厂的意见当然很多了,但是也没有见谁敢挑战FDA的。

大家有没有注意到一个现象,现在美国FDA认证的产品我们老百姓敢买,中国香港质监部门认证的产品也敢买。但如果是我们中国内地质监部门认证的产品,老百姓敢买吗?看看现在我们这些出问题的产品,哪一个没有被监管部门认证过?三鹿奶粉还是国家免检产品呢,还有出问题的雀巢,不也是免检产品吗?其实我一直搞不明白一件事情,就是为什么会有"免检"这样的制度出台?我们产品的质量真能好到不用检测的程度吗?如果大部分产品都能免检的话,那我们怎么能树立起执法部门的权威?

还有一点我们应该注意到,美国的FDA做事情的时候不仅认真,而且非常公正。咱就以糖精这个小东西为例吧,糖精从诞生的那一刻起,就有很大的争议。FDA的第一任局长,也是著名的化学家哈维·威利自开始就认定这东西对人体有害。而罗斯福总统因为有糖尿病,糖精这个东西能够解决他的痛苦,所以他坚持认为糖精无害。在这种情况下,F。DA是什么态度?该听谁的呢?事实是FDA谁的话也不听,他们只认数据。这种事情要是发生在我们国家,我们的质监部门会做何选择就不一定了。到了1960年,一项研究证明大量食用糖精会导致老鼠患膀胱癌,但由于无法最终确认是否能对人体致癌,国会就要求在含糖精的食品上注明"糖精可能是一种致癌物"。此后,他们又对糖精进行大量研究,最后也没有什么证据能证明它和人类的癌症有什么必然的联系。直到2001年,克林顿签署法令,撤销了糖精可能致癌的标注,糖精才取得了合法身份。对这么一个小小的糖精,他们都这样大动干戈,纠缠了几十年。这样的一个质量监管部门,你觉得他们会糊弄老百姓吗?他们认证的东西你会不放心吗?再看看FDA的语言,我们更能感觉到他们的严谨:"没有证据表明……""根据目前的科学证据,FDA认为……",如果用"充分证据"这样的言辞,是必须经过大量严格合理的科学实验的;而"没有证据"是指做了大量的科学实验,都没有发现假想的结果。再瞧瞧我们的监管部门,动不动就说什么"确实"、"肯定"、"绝对",甚至"免检",对于他们来说,好像是随便怎么整都行。

也许我们不能完全怪我们这些监管部门,毕竟是吃人家的嘴短、宴人家的手短。因为在我们国家,药厂赞助医生的差旅、科研项目、出国学术交流等等都是合理合法的。再加上在新药批准上我们又比美国宽松得多,仅2004年,我们的药监局就受理了10009种新药的报批,而美国呢?同期美国药监局受理新药报批的数量也就148种而已。2008年我国批准新药165件,批准仿制药生产1 502件,美国FDA批准多少?24件。要知道,每一个药品被批准的背后隐藏的都是巨额利润。2009年中国通过医院销售的药品金额达356亿美元,仅次于美国,而且我们现在还在以每年27%的速度递增。麦肯锡就预测说,到2014年中国在医疗保健方面的开支总额将达到5 210亿美元,2016年达到6 590亿美元。这么大的市场,这么巨额的利润,这些药厂当然会想尽各种办法打通这些拥有审批权的官员的。我给大家看个资料,看看我们这些药厂有多厉害,金钱的力量到底有多强大。2007年,原药监局局长郑筱萸受贿649万余元,被执行死刑,药监局药品注册司司长曹文庄死缓;2009年,原国家食品药品监督管理局审评中心组长陈海峰,因为接受浙江中海医药有限公司贿赂的130万元,为新药的审批"提速"被捕;2010年5月药监局前副局长张敬礼,因向强生公司进口医疗器械审批提供便利被双规;2010年4月,由于医药企业的举报,国家药监局调研员卫良、国家药监局药品认证管理中心孔繁忠、中国药品生物制品检定所病毒二室原副主任祁自柏、血液制品室原副主任白坚石先后被批准逮捕。

美国的药厂实力自然不必多说,一个药品实验动辄上亿美元的开支。那他们是如何保证"裁判"不受药厂影响的?有一点很重要,那就是美国几乎每份FDA报告的起草人都要做"利益冲突"的申明,如果报告人与相关某方有利益上的关联,比如接受了相关企业的科研项目、差旅赞助或者奖励,也就失去了"独立性"。对于FDA来说,独立的专家意见才是"专业性"的意见,如果专家隐瞒"利益冲突"的话就会失去信誉,以后在整个学术界就无法立足了。而且一旦被查出来,药厂也别想有什么好果子吃,他们也将面临着严刑峻法。

延伸阅读

真相壹：食物及日常用品中隐藏的危险

因为制造商生产的许多产品与他们提供的标签并不一致，这使得列出健康食品的清单变得十分困难。许多次，我发现一些以前购买的、发现的好产品，实际上有一些不良的成分在里面，例如，增香剂或人工甜味剂。

另外一个难题是，产品的标签来回更改，所以一些现在看来不错的产品在 12 个月后可能就不行了。我还曾经发现过一系列的产品被别的工厂接管生产。事实上，最近我去买一种印有素食标签的香肠，这种香肠我之前买过许多次，然而我发现这？香肠被另外一家公司接管生产了，还添加了增香剂——5 核糖核苷酸二钠（E635 – Disodium 5' Ribonucleotides，我们在后面的文章中还会提到这种添加剂，这显然是一种被否定的添加剂代码，安德鲁曾开玩笑说这种添加剂听起来像"radio active"），所以这家公司不再有素食香肠了。

我能给出的最好的建议就是，当你购物的时候，确保带有编码手册。另一个小建议是，保证你不只是看了前面的标签，例如一些产品可能会说它不含任何色素、防腐剂或香精。凯莱布曾经非常兴奋地在超市里发现了一种新的风味薯片，这种薯片的标签上有"不含色素、防？剂和香精"。我建议凯莱布再仔细检查一下标签，当他照做之后，他非常失望地发现这种薯片仍含有增香剂——E620、E621 和 E635。"不含香精、但是却含有增香剂"这种做法实在太狡猾了！因此,我们没有将薯片放进我们的购物车中。

随着时间的流逝,我发现越来越多的厂家在努力地避免使用有害的食品添加剂。

本文摘自[澳]莉莲？里基(Lillian Reekie)的《真相壹：食物及日常用品中隐藏的危险》

第六章
为什么我们的年轻人没有出头机会

这个夏天,最让人们津津乐道的不再是"快男超女",取而代之的是一帮"剩男剩女",拜金女、炫富女、犀利姐、艳照女,一个个粉墨登场、令人称奇。随着国内几大省级卫视相亲节目的热播,相亲这一古老而私密的活动不仅成了一些人作秀的舞台,更催生出"相亲经济",一档相亲电视节目的冠名费可以达到几千万,而各种交友机构举办的相亲会要价50万会费,同样受到追捧。连国外媒体也对中国这一股相亲热感到惊讶,《今日美国报》评论说"中国人被电视相亲节目征服了",电视嘉宾们越来越露骨的关于性和金钱的话语,在哗众取宠的同时也扭曲了爱与婚姻的本来面目。

一、被扭曲的相亲产业链

最近电视媒体有点意思，你看前些年是全民选秀，有一段时间是全民KTV，这段时间是全民相亲。而且这？电视相亲节目已经得到了《人民日报》、新华社联合"认证"，虽然是整改整风，但是足见它的影响力有多大。相亲节目就是三大电视台的"三国演艺"，一个是《为爱向前冲》，一个《非诚勿扰》，一个《我们约会吧》，都各有各的高招，各有各的吸引眼球的方式，但它们的节目谈论的主题不是性，就是钱。

我们这个社会就是不缺伪君子道德家，这些人经常站在道德的制高点，拿着利剑随意挥舞。其实在这个年代，真诚是个稀缺资源，更值得我们珍惜。我倒觉得有些人，哪怕他们说了一些可能很多道德家听了不高兴的话，但我认为还是可以理解的。譬如？·马诺，她的麻烦就在于把这些话在电视媒体这种传播性很强的地方说了，结果被公共媒介放大，被指责误导社会大众。其实在私下场合，很多女生都有像马诺一样的观点——我宁愿在宝马里哭泣，也不愿在自行车后面笑。就这句话，我再说说它的合理性。富人和美女都是社会稀缺资源，就像牛郎织女，平时隔着茫茫的银河见不着面。如果有个中介机构能把这两个稀缺资源撮合一下，从中收取点中介费，这似乎很正常吧。有什么可审判的呢？即使你仇富，也不能盲目啊，我们仇的是非阳光致富、非法致富，不能说对于所有的富人，我们都仇视。

相亲节目中最？爆的是《为爱向前冲》，但它也是生命力最短的，17天就被废掉了。其实电视台本身才是罪魁祸首，因为它们经常主动诱导嘉宾，例如，主持人说，"哎呀，这个人好有钱，我赚的薪水只能买这个人的车子的一个轮子",这不是误导吗?主持人讲出这么恶心的话题,目的是什么?当然也是高收视率了。崔永元抑郁的一个原因不就是收视率吗?如果拿到高收视率,对电视台和他个人都有什么好处呢?这个好处多了,包括个人奖金、冠名权、广告费等等。读者会发现相亲节目的后面其实就是非常长的一条产业链,相亲节目只是其中的一个环节,而且又是最重要的一个环?,它影响着这条产业链的每一个环节的利益。电视台只要扭曲这个环节,过去别的节目所得不到的一切,就都能够得到。这就是相亲产业链的扭曲,这才是真正问题。

相亲节目中第二火爆的是《非诚勿扰》。这个节目把富人和美女的因素放大了,极端化了。如果它们放大的是袁隆平先生在田间地头刻苦钻研、进行水稻育种的励志精神,这就没问题。但它放大的是炫富,例如他多有钱,有多少豪宅之类的东西,而不是放大富人的勤劳致富的过程。最后,电视台只谈到你有钱之后,应该怎么搞相亲。讲得更难听一点,就是有钱以后应该 怎么玩女人。这种话只会给我们的社会带来价值观的扭曲。

《我们约会吧》基本上是俊男美女,富男美女好像不多,这个节目大概是这三个节目里面情况比较好的,话题没有那么露骨,所以它的收视率也是三个节目中最差的。

我们将这三个节目做个横向比较,读者会发现,节目越露骨地谈论财富、性、拜金女,节目收视率就越高。所以这已经不是一个节目的问题了,也不是拜金女的问题,而是因为整个社会孕育出这么一条拜金产业链,这些节目只是为了迎合社会的这些需求。所以现在已经不是马诺的问题了,而是我们整个社会出现了重大危机。而我们在面对这个危机的时候,竟然是想拿一块遮羞布,把这个危机给盖上,而不是从根本上面对这个危机,解决这个危机。

二、扯开遮羞布并不是我们的目的

这些相亲节目受到这么大的关注,就是因为他们把遮羞布给揭下来了,让嘉宾们"裸奔",让全社会都"裸奔"。这时就突然跳出来一群伪君子道德家说,"哎呀,你们不能这样,赶快把遮羞布挂回去吧。"我们的媒体,平面媒体也好,网络媒体也好,开始一起痛打"落水狗"。我平时真没看出中国有这么多道德无比崇高、心灵无比圣洁的人,怎么有了这么个事儿,就以迅雷不及掩耳盗铃之势冒出来了,这实在让我感到很纳闷。这些道德家看起来个个脑满肠肥、红光满面,也都挺有社会地位的。有些道德家还没有把自己玩女人的劣迹说清楚呢,就迫不及待地挥舞着道德的利剑砍向相亲节目了。

有意思的是,咱们中国不仅盛产道德家,民间还盛产"大仙",例如"绿豆大仙"张悟本就是最具代表的一位。他太不自量力了,动了"名门正派"的奶酪,所以"名门正派"都很生气,后果很严重,从而动用了有关组织来收拾这个"大仙"。其实"名门正派"批评这些节目我是同意的,"大仙"肯定是不对的,但是"名门正派"们不觉得脸红吗,你们掌握着真理、掌握着正义,居然 PK 不过"大仙",是不是说明"名门正派"很弱智,水平不怎么样?是不是需要进一步做一下功课,去了解一下受众心理,把握住市场经济的规律,让咱们"名门正派"也能挣着钱,何必总是犯"红眼病"呢。把这个问题想明白了,再从这个角度看,我们大部分电视节目,尤其是主流的电视节目的制作理念、制作水平、对公众心理的把握,以及各种先进手段的运用,是不是远远落后于我们现在批判的这些节目?这些"名门正派",是不是应该进行一些业务探讨,想办法提升一下自己,把自己做大做强。如果我们主流的创作能力提升了，吸引住公众了，这些"大仙"们不就自动消亡了吗？

我们现在对相亲节目进行整改、整风，也只能改造这些"树叶"。那"树木"呢？"森林"呢？你改得了吗？所以《非诚勿扰》的主持人在这次整风运动之后就为自己辩护，他的话说得很到位，他说："我们中国人已经麻木到了连真假是非都很混沌的状态，听惯了假话，还听得那么顺耳，我可以说，全世界找不到另外一个国家的人，全民性地对金钱和物质的渴求和贪婪，能超过今天的中国人。但是我们在任何场合下，都挺正经，所以说当女孩子在台上说她们想要宝马，想要房子的时候，我们反而觉得受不了。"这个主持人讲的话我觉得挺有道理，他所描述的就是那块遮羞布所盖着的这个社会。

马诺这样的人确实不美好，也代表不了我们社会前进的方向，但是你现在审判她，让大家一起唾弃她，能有什么效果呢？因为我相信之后还会有一个个叫张诺的、李诺的，很快就被这个体系培养出来。心理学不是有个"破窗效应"吗，就是一个窗户打破以后，如果不修好，其他人会"暗示性地纵容"。所以，我们该去寻求的是，为什么会产生这样一个马诺，真实原因是什么？然后寻求到更加到位的解决方案，而不是像现在这样，简单地再次盖上遮羞布。

我们看看扯下遮羞布之后，是什么样的奇谈怪论。我把这些节目里的一些话摘录下来，先说说那个叫豹哥的怎么讲的，他说，"姑娘们，我告诉你，你们嫁人、嫁老公，没有5克拉以上的钻戒不要嫁"，又说，"放马过来吧，只要让老子爱上你，你肯定不会后悔的"。唉，这个人好像又是温州商人，他们炒房、炒大蒜、炒绿豆也就罢了，现在又开始炒相亲节目了，真让人无法忍受。还有一个伦敦来的老外叫艾利克斯，他参加了《非诚勿扰》。按照外国人的习惯，得先介绍一下自己的兴趣，他说他喜欢游泳、喜欢音乐,还是酒吧的 DJ,每天赚 300 块。这些靓女们一听兴趣就不高了,你想啊,DJ 能赚什么钱呢。最后他说他非常注重环保,非常爱护环境,同时还有收集废品的习惯,不知道大家有没有看那期节目,很有意思,这个外国小伙子一讲完之后,全部灯都关掉了,也就代表没人喜欢他了。这个小伙子有什么错吗?没有的。读者不信的话可以到欧洲去看,整个欧洲就是个大花园。为什么?因为每个人都注重环保,每个人都把废品捡回来,还可以废物利用,这就是环保的意识。他捡废品的行为在我们这个不注重环保的国家看来,就纯粹是个捡垃圾的傻帽儿,哪家的姑娘会喜欢他啊?具有讽刺意味的是,最后主持人竟然宣布说,这个艾利克斯的父亲是银行家,母亲是艺术家,家里有钱得很,只不过他热爱环保,所以他在中国收集这些废品。因为他热爱音乐,所以说在酒吧当 DJ。错失了这样的金龟婿,不知道台上和马诺一样心态的姑娘们会不会大呼可惜啊。

三、没有灵魂的拜金主义者?

其实,对于人来说,金钱永远不是第一重要的东西,但永远是第二重要的东西,所以拜金无罪。但是拜金有一个前提,你得找到第一重要的东西,那就是你的"灵魂",这个灵魂也许是真爱,也许是正义,也许是良心,也许是其他品德。每个人都必须追求灵魂,不然的话,拜金就会变成一个怪兽,再经过个别媒体的放大,必然会造成非常严重的后果,毒害我们的下一代,从而使我们的下一代成为没有灵魂的拜金主义者。但是到底什么叫做灵魂呢?

美国福克斯(FOx)电视台在 2003 年推出了一个电视节目《谁要嫁给百万富翁乔伊》。节目里说乔伊继承了一笔 100 万美金的遗产,因此深受女士们的喜爱。节目安排了很多女人跟他约会,最后层层选择,剩下一个看起来真心爱他的女人。最后主办单位却对这位女士说声对不起。因为乔伊不是百万富翁,这一切都是虚构的,他是一个穷光蛋。这个时候对这位女士来说,就是个考验了。你说你嫁不嫁?如果你不嫁的话,就代表你是拜金女,整个社会都会鄙视你。你嫁的话,就要嫁个穷光蛋。对于我们现在这些很大方地承认就嫁有钱人的人来说,也没有什么可为难的,不嫁就是了。可是这个女的到最后还是选择嫁给乔伊。嫁了之后。栏目组竟然奖励给这对新婚夫妇100万美金,结局是大家皆大欢喜。这个节目是福斯电视台开播以来收视率最高的一个节目,但它不像我们的相亲节目,只提倡粗俗的拜金,而是透过这样一个过山车式的情节,提倡了一个正确的婚恋观,这就是我说的灵魂。

其实,我们电视相亲节目的母版是英国的一个节目,叫《take me out》。咱们这些节目都是原样抄袭人家的。例如人家的节目做短片,咱们也做,但是境界却完全不同。人家的短片是这么播的,一个小伙子去征婚了,节目描述的是这个小伙子喜欢骑摩托车,而不是炫耀他开的是什么摩托,他展示的只是有这种运动的爱好。咱们的短片肯定会隐晦但却急切地告诉观众和嘉宾,这个人拥有这辆什么牌子的车,拥有怎样的房,还拥有其他什么什么,而英国的短片描述的却是我热爱什么,这是完全不同的两个境界。

这使我想起全球最伟大的娱乐公司迪斯尼,我们总认为创意是迪斯尼的核心竞争力,但是迪斯尼的回答却是"No"。迪斯尼乐园表面上看是创意能力,骨子里却是透过电影诠释温暖、善良、爱、关怀、同情、勇敢、悲悯的朴实情感,从而构建了一个灵魂,这就叫美国精神,甚至叫人类精神。所以迪斯尼能成为全球500强、品牌价值世界第六的公司。此外,美国有一个非常有名的杂志叫《读者文摘》,我们总认为《读者文摘》之所以畅销,就是因为其故事曲折、离奇、感人。但是事实并不是这样,《读者文摘》之所以吸引人,是因为《读者文摘》追求一个理念。一种当人类遇到艰苦的环境时所显现的那种坚韧不拔、奋斗不懈、互相帮忙的特殊精神,这就是《读者文摘》的灵魂。

媒体的灵魂又是什么呢？美国的普利策奖是最佳新闻奖,它们追求的不是发行量,而是最崇高的理想、兢兢业业的正当行为。只有对于所涉及的问题有正确的认识以及真诚的道德责任感,才能使报刊不趋于商业利益。而这正是我们最为欠缺的,我们的媒体为了商业利益,完全不顾自己的社会责任,没有道德底线。对于普利策新闻奖而言,发行量很重要,广告费很重要,但更重要的是媒体的社会责任。今年普利策奖。第一次颁给了一个网站,这个网站翻译成中文叫"为了人民",看来,"文艺为工农兵服务"在今天还是有价值的。

四、拜金与笑贫的辛酸背后

广州曾经对大学生做过一个调查,其中"宁嫁富二代,不嫁穷鬼"的占到50%多。最近的网络上还流传着一个帖子——《宁嫁老富翁。不嫁男同学》,顶帖的人特别多。可是读者有没有注意到一个现象,那就是说这些话的,基本都不是富有或权贵家庭的孩子,反而是些穷大学生。这个现象实在太可怕了,这是不是说明了"阶层凝固化"已经是可怕的现实了？仔细想想,这些穷人除了嫁大款之外,似乎也没有其他的上升渠道了,这才是有这么多人产生这么扭曲的想法的原因。换个角度说,当我们在骂这些人拜金的时候,我们有没有想到这个社会其实并没有给她们一个公平成长的机会。我们整个社会上升的渠道已经被少数人掌控了。当这些年轻人感觉到前途无望的时候,她们发现只有一艘船可以搭,就是嫁人,嫁给什么样的人才能有出头的机会呢?对于她们来说,嫁个有钱人算是个不错的选择。对于农民来说,农村子女在过去的时候,可以通过读书的方式,离开农村,进入城市,从而实现脱贫致富。现在这个路子似乎也被堵住了,光靠读书是不行了,因为读完书之后找不到工作,然后再读研,还找不到事,再读博士……大家有没有发现,我们这个社会已经剥夺了农村子弟上升的渠道。这些年轻人看起来好像是拜金,其实又回到我们刚才讲的话题了,拜金所反映的是整个社会的一个问题,其实每一个拜金女、拜金男背后,都有一个辛酸的心灵。举例而言,你经常听到有人说,"工作找得好,不如父母好",现在更流行的是"父母好不如嫁得好",而找大款就是这个阶层上升的最便利的一个渠道。

所以讲到最后,又回到我一开始讲的问题,"快乐女声"、"超女"、"相亲节目"所追寻的不就是一个社会问题的反映吗?因为你没有给这些人平等的机会,所以当他们感觉到前途无望的时候,自然会产生这种拜金的想法,这样的人多了,自然就成了一种现象,只是我们过去用块遮羞布把这个社会问题给掩盖住了,而马诺等人竟然透过相亲节目无情地扯下了这块遮羞布,我们的媒体又趁此天赐良机,马上构建了这种扭曲的相亲产业链图利自己。于是很多假道学、伪君子一下子就跳出来开始痛批了。

我又得夸美国了,美国这个社会的可贵之处是什么呢?那就是给每一个人一个畅通的上升渠道,也就是所谓的"美国梦"。看看美国商务部长骆家辉是如何谈他的美国梦的?他说,他是第三代移民,他的祖父母移民到美国的时候很贫穷,可是他们成就了一个美国梦。骆家辉的父母含辛茹苦地送他去念大学,美国又给了他一个立足点平等的平台,这个平台让每个人都有公平的机会发挥自己的能力,所以美国社会的拜金现象就不怎么严重。因此,我们之所以拜金,就是因为我们这个社会没有给每个人一个平等的机会。

除了拜金这一条路,还有另一条截然相反的路,叫笑贫。《非诚勿扰》录制过程中,有一个男嘉宾上台了,他说我很富有。然后主持人就问他,你一个月赚多少钱？他说我一个月赚3 500块钱,结果台下就笑成一片。这个讽刺的意义非常大,这位嘉宾还真是有勇气,因为他敢说出来,让我们一般人说,还说不出来呢,因为一般人都觉得这很没面子.而这位嘉宾为他用自己的力量赚3 500块钱感到光荣,他就认为他赚得很多。这种勇气你有吗,结果我们给了他什么回应？一顿嘲笑。

所以说相亲搭台、经济唱戏,然后整个社会的所有弊病都在这个平台上得以展现。我们经常以经济的大旗去关注社会、关注民生,就像这些娱乐节目,看着是相亲,其实是透过相亲现象,暴露了我们这个社会处处以钱为纲的残酷现实。再说明白点,就是透过相亲节目,把这个社会不公的遮羞布扒下来了,赤裸裸地展现了一个社会不公下的现实。但是这个遮羞布是我们藏了这么多年,一直遮遮掩掩的,现在就这么被扒下来了。不但造就了一个扭曲的相亲产业链,同时也成了伪君子道德家展示的平台了。我们现在是全民在扒别人的衣服,甚至扒自己的衣服,这种能力无与伦比,但是我们似乎缺乏帮别人穿衣服的能力。我呼吁,给我们年轻人一个类同美国梦的中国梦吧。只有还给我们年轻人一个平等的上升渠道,我们被遮羞布所盖住的拜金背后的灵魂,才会慢慢升华成孕育美德的高尚灵魂。

延伸阅读

创业圣经

要有意识地收集信息,这样才能积累起自己的知识。比如说你在周六的下午有3个小时的空闲时间,平时在这个时间里可能出去玩,或是睡懒觉,或是看电视,现在你要把这个时间利用起来学习我教给你的方法。你可以首先给自己设定一个课题,比如说"如果要在日本建一个精酿啤酒厂,应该怎样做",然后规定自己在3个小时内完成事业计划。

如今,啤酒的制作方法已经全部在网上公开了,例如:哪里的啤酒制造机械优良?啤酒花从哪里采购?价格是多少?哪里产的大麦质量好?哪个顾问公司对啤酒销售最有经验?——这些信息全部可以在网上免费获取。

然后你可以根据日本啤酒厂的分布图来寻找尚且没有啤酒厂的地区,并且在其中搜索人口密度最高的地区,将这里作为创业的理想地点。然后你可以写出事业计划书,包括"市场状况如何"、"竞争状况如何"、"技术障碍在哪里"、"怎样解决这个技术障碍"等内容。3个小时一定能做完这些工作。

实际上,早在5年前,我就以制定事业计划的方法为题,让企业管理者做上述练习。例如我曾经出过这样一个题目:"如果你想研究治疗阿尔采默病的药,公司又没有这种技术,那么你该和世界上的哪个企业进行合作",请利用出差进行调查,并写报告。

　　一般情况下,大家也许会认为是买机票去外地考察,但我的命题是利用"网络"出差,因为很多的公司都已将自己擅长的事业领域公布在网络上了。这样,3个小时内完全可以写好出差报告书,并提交事业计划书。只要你1次、2次甚至10次重复这样的训练过程,就可以蓄积起创业家必须具备的能力。在现实社会中,你也许永远不可能认识的人,却可以通过网络结识。以前,年轻的、贫穷的、没有靠山的人创业时几乎不可能得到咨询公司的青睐,但在网络社会中,这是非常有可能的。

　　这就是一种"能量"(enabler),就像动画片中大力水手的菠菜一样。即使创业者自己没有那样的能力和地位,也可以从别处获取力量,正因为谷歌能起到这种作用,所以谷歌本身便是能量。

　　本文摘自[日]大前研一的《创业圣经》

第二部分
为什么我们的医改、教改、房改这么难

第七章
为什么我们的医改这么难

医疗改革走向纵深,直面问题挑战。

64.3%的老百姓认为看病贵,大病重病看不起。

难倒美国人的问题,奥巴马如何解局?

透过美国医改谈谈中国的医改,我们每一个老百姓如何才能得到更好的保障。

全球医保,异曲同工的奥秘在哪里?

今天你要医改成功的话,首先要打破这个既得利益集团。

药厂是最重要的一个利益集团,任何改革都首先要把药厂切割在外。

一、我们的医改还在半空

最近有一个很轰动的新闻,美国总统奥巴马通过了美国的医疗保险案,这不仅仅让美国人很激动,而且全世界都很激动,我也很激动。可是激动过后,我就开始想到其实我们自己的医疗改革到现在还处在半空中。

背景提示

2009年4月6日,《中共中央国务院关于深化医药卫生体制改革的意见》正式出台,这是一份旨在为国人实现人人享有基本医疗卫生服务远大目标的纲领性文件,中国新一轮医改就此翻开新的一页。新医改方案将中国基本医疗卫生制度明确为公共产品,并明确提出实现2011年基本医保制度覆盖城乡居民、"看病难、看病贵"问题明显缓解等三年阶段性目标。然而,这份宏观文件在实施过程中也遇到了各种复杂现实问题的挑战。2010年3月5日,温家宝总理在人民大会堂做政府工作报告时以千字篇幅谈及医药卫生问题,并表示,"我们要克服一切困难,把这个世界性难题解决好"。那么,医保为何会成为世界性难题,我国医疗改革成功的关键又在哪里呢?

根据医疗卫生领域急需解决问题的调查报告显示,在接受调查的人当中,首先是有64.3%的人认为看病贵,大病重病看不起,这是老百姓最不满意的地方。其次是有42%的人说医院看病的流程很不合理,不是以人为本的,到医院看个小病都得楼上楼下跑,来回折腾好几趟。有人调侃说,我们不该怪我们的医院,医院之所以让我们这样跑来跑去的,是因为爱护我们。你想啊,我们去医院看病的人很多都是因为感冒这种病,就是因为医院的不以人为本,我们就必须楼上楼下跑,比如说挂号到五楼,看病到二楼,小便到七楼,我们这样来回跑一下,弄不好病就好了。所以说,我们中国人去医院看病,很多不是医生治好的,而是拖好的,因此我们还得感谢我们这么糟糕的医院,正是因为他们从不以人为本,阴差阳错地治好了不少感冒病,省了不少药。除了这两个不满意外,还有一个大多数老百姓都不满意的,那就是药价太贵。其实我们的噩梦还不仅仅是药价贵这么简单的问题,读者们知不知道我们到药店买药有多困难?就算买个头孢拉定还得先让医生开处方,我们才能买。其实我们也没有得什么了不起的病,买这种药吃的话,无非就是感冒了,拿来消消炎症什么的。要知道,对于老百姓来说,如果有一点小病都要找医生开药的话,那我们要多花多少钱啊?我在内地跑的时间很多,但是我每次都回香港买药,为什么?就是因为在香港什么药都买得到。那很多读者就会问了,对于这些不能随便吃的药,香港不管吗?我告诉你,香港不是不管,而是让你自己做判断。以购买消炎片为例,在香港销售的消炎片,它的包装上一般都会打上"毒药"两个字,如果你自己买的话,自己小心吃就是了,这对我来讲非常方便。比如说我以前生了病,医生给我开了一些药,我吃了之后就好了,现在呢,我又生了同样的病,那我完全就可以去药店买同样的药就行了,我不需要每次都找医生开处方的。哪像在我们内地,为了开个头孢拉定,我还得跑医院去,不但多花病人的钱,还平白增加了医院的"负担"。我举这个例子的目的,是想说我们的医改之所以收效甚微,是因为我们根本就不知道医改的本质是什么,也不知道我们的医改到底该改哪些地方。在谈我们的医改问题之前,我想先和各位读者谈一谈美国的医改问题。

二、美国如何踏进医改"雷区"

背景提示

美国东部时间 2010 年 3 月 21 日,万众瞩目且争议不断的美国医保改革法案在众议院涉险过关。3月23日,美国总统奥巴马签署了该法案。按照这份长达2 000多页的法案,至2014年将有3 200万目前没有医疗保险的美国人被纳入医保系统,美国的医保覆盖率也将由目前的85nk,提升至95%。同时,新医保法案还将为政府在今后10年减少赤字超过1万亿美元。那么,美国为何要进行医改?正在金融危机困境中的奥巴马全力推进医改方案的原因又是什么呢?

美国的医改是非常复杂的,如果你仅仅看我们媒体报道的话,基本都看不懂,为什么呢?因为我们媒体自己也从来没有搞懂过,这些媒体基本上都是看到人家的新闻稿怎么写,它们就怎么写。到最后我们发现竟然没有从美国的医改学到一点真东西。我们首先看下,美国为什么要进行医改?因为美国的医疗出了重大危机,像美国这样一个发达国家,基本上一年要花2.4万亿美元在公共医疗卫生上。但仍然还有近8 000万人没有常规的医疗保险,差不多占了美国人口的四分之一。原因是什么?就是因为美国的医疗保险实在太贵了,为什么这么贵呢?因为美国的药厂和保险公司是挂钩的。美国医生要开药的话,保险公司有个目录。在这个目录里会明确地规定如果感冒的话,就只能开哪两个药。肝病的话能开哪几个药,还有其他什么病开什么药,而且什么牌子、什么成分的药,价格多少钱都讲得非常清楚,这是什么意思呢?其实就是由保险公司来监管医生,医生开药不能够超过保险公司的目录。而找医生看病的病人呢,大概有两种,一种是没有保险的个人,这些人看病的话。就得自己出钱了,但大部分是属于另一种情况的,这些人是企业提供的保险。

但是美国药厂的财力非常雄厚,有很大的政治力量,每当这些药厂推出新药或者推出一些新的医疗设备的时候,就会想办法透过国会等立法部门,把这些药和医疗设备纳入保险公司的承保范围。比如说一种药本来是卖5块钱的,现在发明了一种新药卖100块,这些药厂就可以透过他的政治游说,或者政治力量,让保险公司把这个新药放在目录里面。从而形成了药厂和保险公司挂钩的局面。按照这个新的目录,医生就可以开贵的药,没有保险的病人就遭殃了,因为医生给他们开这种药的话,他们就得付更多的钱。对于有保险的病人来说,因为他们的保险是由企业来缴的,药价一增长,企业就必须向保险公司缴纳更高的保费。否则企业的员工根本就看不起病的。我们以通用汽车为例,你能想象得到吗?每一辆通用造的车子基本要分摊1 500美金的员工保险费。但是。日本丰田公司的每辆车子只需分摊200美金。所以仅仅从保险费来看,通用汽车的负担就比日本丰田公司重得多,通用汽车公司的竞争力就已经被扼杀了。因为这种不合理的流程,美国老百姓从1993年到2003年这10年当中,医疗开支就从9 000亿美元增长到17 000亿美元,人均开支从每年的3 354.美元增长到5 670美元。而且根据哈佛大学2005年公布的一份对全美国1'700个个人破产案件的研究结果显示,这1 700人里面,半数以上破产的原因就是无法承受沉重的医疗开支。而这些人当中有'75%是有医疗保障的,想想看,这些有医疗保障的人竟然还会因为无法承受医疗开支而破产,可见这个医疗费有多贵。美国的医疗费为什么这么贵?就是因为这种药厂跟保险公司挂钩的不合理制度的存在。

背景提示

"奥巴马医改应载入史册",这是西方媒体对奥巴马医改的评价。在西方主要发达国家中,美国是唯一一个非福利国家,3亿多国民中有4 630万人未被任何医疗保障体系覆盖。在美国历史上,医疗改革是个不可轻触的雷区。自20世纪30年代以来,历届美国总统从罗斯福、杜鲁门,到肯尼迪、克林顿都曾信誓旦旦要实现全民医保,却无一不以失败告终。据估算,为推进医改,美国需要在10年内筹集9 400亿美元的资金,按每年940亿美元计,基本与美国伊拉克战争每年所需军费相当。那么,此次奥巴马医改如何解决经费问题?保证美国医改成功的关键又在哪里呢?

历任美国总统都曾对医疗保险进行过改革,其中动作最大的就是克林顿了。在克林顿时期的医疗改革中,他的老婆希拉里担任美国医疗保险改革委员会的主席,也费了不少力气,但是两年之后还是不得不宣告失败。而这一次的美国医疗改革呢,不管奥巴马是通过他的个人魅力也好,还是通过国会游说也好,尽管仅仅是以非常些微的比数,通过了这个医疗改革法案,大概212票对209票,但是过关的意义却是非常重大的。奥巴马是怎么改革的?其实奥巴马真正干的事情就是从中切断保险公司跟药厂之间的挂钩。他可不是像我们一样来个行政命令或是红头文件来做切割。他是往里加入了一个很有创意的因素,叫做"富人"。奥巴马提出了一个医改税,也就是说除了薪水之外的奖金、花红、期权、股息等等,全部都要缴税,问题就在这里了,这些要缴税的奖金、花红、期权、股息一般都是有钱人持有的,这样做的话,实质上就等于是通过向富人征税来补贴穷人的医疗保险。举例而言,对于年收入低于8.8万美元的穷人,他们的医疗保险是由美国政府透过医改税进行全额补贴的。

要知道,富人可不想多缴税,除非吃饱撑着了。但是按照这次通过的法案你又不能不缴纳,那怎么办?这就让富人心里感觉不爽,但也没办法。但是如果这些病人多看病,多用贵的药,就需要更多的保险费,富人就要因此缴更多的税,那富人当然感觉更不爽了,对他们来说,如果必须缴税的话,那缴的税自然是越少越好,那么请各位想一想,富人为了少缴税会干什么呢?他们会找保险公司算账,不准保险公司把贵的药放进目录中。我们都知道,富人的力量是非常强大的,他们在国会有非常强大的议价能力,决不逊于药厂,因此富人也像药厂一样透过国会等机构,逼迫保险公司不准把价格贵的药放进目录,因此最后的结果就是由富人来监管保险公司,从而让保险公司重新审核目录,将价格贵的药全部剔除。这样保险公司的目录里就都是便宜药了。因此医生在给病人看病的时候,开的都是便宜药,这样不但个人的负担减轻了,企业的负担也跟着减轻了,这就形成了一个良性循环——医生开的都是便宜药,用的都是便宜仪器,保费自然就降低了,富人就能少缴纳医改税,富人爽了以后,就会更想尽各种办法让药厂研发更便宜的药……

三、我们为什么看不起病

背景提示

分析认为,三十年来,美国政府政策和华尔街的市场走向使贫富分化越来越严重。富人的税前收入扶摇直上,减税额度却远大于中产阶级和穷人。奥巴马医改为两极分化提供了一个调和方案。与美国不同,改革开放后的中国医疗改革是以打破国有公立医院一统天下格局,用市场化激励、提升医疗卫生水平为背景的,而随着改革的深入,市场化的弊端逐渐显现出来。2005年,卫生部有关部门负责人表示"市场化非医改方向",国务院研究机构则称,"我国医改基本不成功"。那么,市场化带给中国医疗卫生领域中的问题究竟是什么呢?

中国医疗卫生领域的问题特怪异,和美国的药厂与保险公司挂钩不同,中国的问题是药厂跟医生挂钩。我们的药厂找了一堆销售员,天天往医生那里跑。我们的保险公司是不成气候的,而且保险公司的目录药都是便宜的药,但是由于药厂和医生挂钩,医生在给病人看病的时候就不愿意开保险目录里的药,因为都太便宜了嘛,我们的医生喜欢用药厂生产的制度肯定需要很多资金支持的,那么多的资金投入到这种免费的医疗制度中,香港是怎么撑下去的?

四、他山之石:医改成功靠什么

背景提示

英国是公费医疗制度和分配医疗保险的故乡。曾有调查显示,46%的英国人认为,英国政府20世纪最伟大的业绩,就是创建了英国国民健康服务体系。这个由工党在1948年倡导建立的重要社会福利体系,让英国百姓无论社会地位高低、收入多少,都能得到免费、公平的医疗服务。这项实施了半个多世纪的医疗福利制度也被全球许多国家和地区效仿。虽然英国公费医疗目前还存在着服务效率低、公共财政负担重的问题,但是,它的许多做法还是值得我们借鉴的。

香港透过医管局监管医生,而香港医管局和美国的保险公司担当了同样的角色,那就是由医管局开一个药品目录,医生给病人开的药必须根据医管局的目录来开,整个流程的管理是非常严格的。也正是因为实施这种管理办法,医管局就很成功地把医生和药厂切割开了,而且药厂也没有什么政治力量能逼迫医管局将贵的药放在目录里,所以香港医药成本很低。尽管在香港很多人都是公费医疗,但由于成本低,所以公费医疗到现在还能维持得住。对于有钱人来说,就是另外一种情况了,因为他们有钱,所以就不想跟我们一样,比如说开个刀做个手术,有钱人都不愿意和其他病人挤在一个房间里,他们要自己一个人住一个房间,还得是豪华的,医生护士什么的,都要最好的,他们还要最好的服务。有钱人都要求用美国最新的药,而不是医管局所批准的药,那怎么办呢?那你就找一家保险公司自己投保,这样的话,就由这个有钱人来监管保险公司,你保险公司保费要涨的话,我就可以换家保险公司,反正保险公司也多得是。所以,在香港的保险公司就和美国的保险公司地位是完全不一样的,香港的保险公司都是富人投保,然后由富人监管保险公司,如果你的的价钱贵的药,这样医院才有高额收益,医生才能从中拿回扣。没办法,这些医院和医生认为他们也要创收嘛。而我们处理这个问题的时候又犯了头痛医头、脚痛医脚的老毛病。听到我们老百姓抱怨药价高了,我们的政府就直接强迫药品降价。2009年10月份,国家发改委对基本药品的零售价实行限价,与当时政府规定的零售指导价相比,有45%的药品降价,有49%的药品价格没有做调整,有6%的短缺药品价格有所提高,从总体上看药价下降了25%,可是这又有什么用呢?老百姓去医院看病,医生本来只给你开一种药的,现在却开十种药,也就是说,药价虽然降了,但我们的负担反而更重了。为什么会这样?这就是因为我们完全没有搞清楚问题的本质,其实,只要不把药厂跟医生挂钩的问题解决掉的话,医改问题就永远解决不了。

　　但是如果政府要想解决这个问题的话,就必须要知道究竟有多少利益牵扯在里面。我们都知道,我们中国医生群体的回扣是完全来自于药厂的,所以要想成功地推动医改,就不能让医生和药厂挂钩,这跟美国的情况不一样,美国是保险公司与药厂挂钩的。我们中国正是由于医生和药厂挂钩,医生给病人开贵点的药就可以按比例抽成,这个抽成是会摊到药的成本中去的,所以药越来越贵,医生却感觉越来越爽,药厂也不会做亏本生意,到最后买单的肯定又是我们老百姓了,其实这是个恶性循环,搞得现在老百姓抱怨看病难、看病贵,大病重病看不起。

我最近看到一个新闻,感觉挺悲哀的。一个癌症病人去医院看病,医院的各个科室都忙坏了,忙什么呢?忙着抢病人啊,连小儿科、泌尿科、妇产科都在抢这个肝癌病人。读者奇怪吗?其实你也不用感到那么奇怪,道理很简单嘛,因为得了重病的病人都愿意花大钱看病的,这对医院来讲有很大油水的,所以,每个科室都要抢,哪个科室抢着这个大肥羊,哪个科室就能多创效益,医生就能多拿回扣。真搞不懂,现在这些医生的医德都跑到哪里去了。

我们的医改不但比不上美国,甚至跟中国香港也差了一大截。香港的医疗其实做得非常好的,大家如果去香港旅游的话,万一很不幸生病了,就可以去香港的医院看病,它们的急诊室都是免费的,香港的这种医疗制度继承的是英国统治时期的制度,可能有读者问了,要想维持这么好保费不合理,我就换个合理的。透过这个系统,有钱人可以找到私人医生,也可以用医管局没有批准的贵药,反正对这些有钱人来说。钱不是问题的。因为哥有钱,我爱干什么就干什么,所以因为这两个不同的医疗系统的存在,就孕育出了一个成功的香港医疗体制。

从上面美国和中国香港的例子来看,如何能够有效地将医生跟药厂切割开,就是我们医改首先要考虑的问题,只有先解决掉这个问题,我们的医改才有可能成功,我看目前我们根本就没有意识到这一点。

五、逼出来的"高州经验"

其实,我们中国也有一个好的模式,媒体把它叫做"高州模式"。说的就是广东的高州,在粤西山区,这是一个名不见经传的二甲医院,但是现在火得很厉害。其实我认为,高州实际上还只是一个经验,并不能说是一个模式。

首先谈谈高州的药事委员会,我们每个医院都有这种委员会,只不过有时候叫法不同而已,就是随机抽几个医生,大家一起来定个目录,但是这些医生在定目录的时候,是不允许和任何药厂的人接触的。其实这个还不算是高州医院成功的真正原因,真正成功的原因在于对制度的执行,高州医院的医生开的药,必须在药事委员会开的目录范围之内,他们执行的过程中,要比别的医院彻底一点,而且每天早上专家组要到临床科室随机检查,这样就能实现有效的监督。按照他们医院自己讲的话,7年下来,它们节省了1.3亿元。

其实,我觉得高州医院的成功,还有一个更重要的原因。高州经验最大的亮点是在不小心的情况下,让医生和药厂脱了钩。医院效益不好,医生的薪水自然就低,医院为了不让医生的日子过得太难,就决定将医院的利润分一部分给医生,也就是在医院的收入里扣掉成本之后的利润,医生可以分个大概百分之三四十。这样的话,医生自然就希望医院能有更好的效益。那如何才能使医院的效益更好呢?自然是能有更多的病人来医院看病,那如何才能让病人选择来这家医院看病呢?医院就想办法了,他们在门口立出了个"少花钱、治好病、治大病"的招牌。当然。光立个这样的招牌是不行的,关键还是在执行上。对于高州医院的医生来说,按照招牌说的做呢,就会有很多病人来看病,那医院的效益自然就好了。医生也因此能分到更多的利润。而如果药的价格上去了呢,来看病的人就少了,利润空间就小了,医生分成也就少了,所以医生自己就不愿意让药品价格上去。他们自主地就把成本压下来了,所以他们一般不用进口药,2009年高州医院开出的全部西药当中进口的只占4.5%,40元以下的针剂占总针剂量的83%,他们的采购简直比深圳的代工厂还专业。他们对成本的控制,包括库存能力的控制都非常强,高州医院的库存总额为购进总额的 0.015%，保持这样的数据简直比丰田的零库存管理还要厉害，为什么他们的成本这么低？就是因为他们透过医生分成利润，而不小心地切割了医生和药厂的勾结。在高州医院，如果医生用昂贵的药，那你就是与所有其他医生为敌，而在其他医院，情况正好相反，如果你这个医生用便宜的药，那就是与所有其他医生为敌。但是高州经验推动下来的结果竟然是提高了医生的收入。我们的数据显示，高州医院医生的年收入大概是 10 万到 20 万，这种小地方能有 10 万到 20 万的年收入，已经算很不错了。此外，高州人民医院 2009 年的利润也高达 6.1%，最后是医生赚钱了，医院也赚钱了。而且财政补贴大概只占他们总收入的 0.11%，远远低于全国的 7.4%。

其实我认为高州经验就是在市场大环境下拼搏的结果，想想看，在一个贫困的地区办医院，要想成功的话，首要任务就是要勤俭办院，而勤俭办院就必须削减成本，通过低成本来赢得市场。第二个就是要任劳任怨，想想看，高州医院的医护人员每天的工作量都很大的。因为他们的病人非常多，从过去一年大概 58 万人一下子就涨到 78 万人。而且高州人民医院吸引的不仅仅是高州本地的一些患者，还有内蒙古、北京、江西、重庆、港澳特区的，甚至还有美国和印尼的。高州的旅游倒是没有吸引什么人，反而是医院吸引了很多外地人。其实，从高州医院的经验中可以看出来，"薄利多销"也是一个市场的经营模式，但是这样做到底对不对呢？我觉得我们应该做一下反思，其实这也是没有办法的办法，因为对于医院来说，政府没有给予足够的资金支持。但是它必须要生存，那它就只能通过薄利多销来提高效益，所以它的第一桶金就是这么得来的。

另外，我希望我们不要像过去一样，一看到媒体在捧这个高州模式就又跑去高州学习考察，学来学去，到最后又只学到表面现象。我觉得高州模式有一个最重要的思维，是我们都应该学习的，那就是如何用一套有创意的方法让药和医生分开,不但让双方都没有什么损失,反而能让双方都受益。因为,要知道,只要其中任何一方利益损失了,它就会再次结合在一起。高州模式就是不小心透过利润这个点,把药和医生分开了,这当然不仅仅是制度上的一个创新,更是因为他们严格地执行了,还进行了有效的监督,这才是高州经验的精髓。其实说到底,切割也不是我们的最终目的,我们的最终目的是要让患者得到实惠。我们的老祖宗说过,要视民如伤,他的意思是说要像呵护自己的伤口一样来呵护自己的子民,所以,医改的核心说到底就是要让老百姓得到实惠。

延伸阅读

世界上最聪明的投资书

《金融时报》每年举办一次竞赛,让新投资者和市场分析师一起参与竞争。2002年,一个5岁的伦敦小女孩,从《金融时报》证券交易专栏列出的300页的上市公司名单中随机选择了一些股票。

经过一年时间,那个小女孩轻而易举地赢了。她的股票上涨了。与之形成鲜明对比的是,专业分析师的投资组合损失了。

要么小女孩非常幸运,分析师非常不幸;要么备受吹捧的选股技巧并不能吸引所有聪明的投资者。

美国有1亿的个人投资者,他们持有8万亿美元市值的股票,其中,超过7.5万亿美元股票的投资方向有误——这些投资被一些理财师用于进行我所谓的"过度积极型管理",他们试图通过选择股票和市场预测的方法跑赢大市,这就是"傻钱"的投资。

与之形成鲜明对比的是,数万亿美元的养老金、基金和大学捐赠基金等资产选择了正确的投资方向——理财师将它们投资到具有广泛市场指数的股票和债券上,努力获取市场收益,这就是"聪明钱"的投资。

颇具讽刺意义的是,"聪明钱"追求市场收益的投资,它的投资操作比起过度积极型投资要容易得多。

事实上,所有经纪公司的金融顾问和大多数独立金融顾问是通过

"傻钱"管理技术来理财的。金融顾问、理财师和共同基金经理都企图跑赢大市,他们从事着我所说的"过度积极型"管理。我把这些专业人员称为"过度积极型经纪人和顾问",因为这正是他们的本色。

过度积极型经纪人和顾问的成功并不是投资上的成功,而是销售上的成功。他们销售上的成功是基于以下五种错误的观念:

1. 过度积极型经纪人和顾问能够跑赢大市。
2. 过度积极型经纪人和顾问能够成功地进行市场预测。
3. 市场预测和选股实在重要。
4. 产品越昂贵或者服务费用越高,价值也就一定越高。
5. 高档的或者名牌的东西更有价值。

这是一种蛊惑的手段,他们依靠数百万美元的广告效应来说服你,让你不得不听从于这些"专家"的建议。千万不要听信他们的话,聪明的投资者是不会把钱交给过度积极型经纪人或者顾问的,因为那样只会让他们去做更有利于他们自己的事。

本文摘自[美]丹尼尔·索林(Daniel R. Solin)的《世界上最聪明的投资书》

第八章
为什么我们的教改这么难

近日,深圳大学再度试水改革,以人事制度为突破口。2010年9月起,将破除教授的干部身份,全校推行职员制、聘任制,不签约不聘任,从而打破"铁饭碗",深圳大学从此"无官"。这一大胆举措引来各方争论。高校改革由来已久,从2003年北京大学改革受挫之后,高校改革大多是"隔靴搔痒",教授的"铁饭碗"更是成了一道"不可逾越的鸿沟",对于此轮深圳大学改革最后的走向,身处其中的人们也看得并不是很清晰。深大校长章必功向记者明确表示,可能这场改革的时间要拉长至20年。

一、教改=折腾教授?

背景提示

《深圳大学深化改革加快发展总体方案》具体分为以下六个方面:①实行"全员聘任,签约履聘"的人事分配制度;②建立和完善高端人才引进、培养与管理机制;③积极推进教育教学改革,探索创新创业型人才培养模式;④推进科研管理改革和学科建设,做强做大优势学科;⑤推行"学术主导"的内部管理体制;⑥创建"立法办学"的办学保障体系,构建立足"自主办学"的高校法人治理结构。

最近,大学这个"去行政化",包括人事变革,真是如火如荼。深圳大学再度开始试水改革。其实高校改革改了这么多年,包括2003年北大那场轰轰烈烈的人事改革,到最后也都是无果而终。

我们的学生从大学出来,到社会到企业到各个单位去的时候,其实就是一道关。你看,这么多学生这么拼命地去上各种各样的课外补习班,最后终于进大学了,好,这四年学完以后,学分一挣,到了社会上发现,自己还是一片迷茫。为什么会出现这种状况?就是因为我们的教育不成功。

大家要晓得,中国进行教改的不只我们内地,比如说在中国的台湾也做过教改。20世纪90年代台湾的教改可以说是搞得轰轰烈烈,而那次的改革就是诺贝尔化学奖得主李远哲推动的,最后完全以失败告终,成为一个大笑话。中国台湾的教育改革学习的是美国的表面现象,它们大量设立大学,所以台湾的大学可录取率高达120%,甚至超过了应考的人数。真可以说是人人都有大学念。不仅如此,它还推动了教授治校的理念。台湾的教授就抱怨说,"教授治校"之后,连那个倒垃圾的工作都得教授自己去干。因为既然你让教授治校,那你以后就自己去聘任垃圾工、清洁工,学校行政部门都不管了。教授哪有这个时间去做这个事,而且教授也不知道怎么聘任,因此只有自己倒垃圾了,哈哈哈,实在很好笑。我觉得在内地、香港、台湾三地教育改革中比较成功的,还是香港的大学。香港为什么成功?不是因为香港改革改得好,而是这个系统就是英国统治时期的系统,这个我们待会再谈。

我发现,我们内地任何大学的改革都有一个毛病。就是以折腾教授为主。比如说"人事改革",就要求教授发表论文像美国一样,然后不聘任,不能拿"铁饭碗",跟那个计件工资是一样的。还有"不要行政主导",这是什么意思呢?就是不给你官位,什么正厅、副厅都不要了,你就是一个纯粹做教学和学术研究的。我想最近的教改基本上就是以这两个为主的,而且完全不考虑教改的目的是什么?读者晓不晓得我们中国历史上大概只有一次的大学教育改革比较成功,就是蔡元培那次。那次改革和我们现在的改革有什么差别呢?蔡元培抓到了真正的目的,他认为大学就是要培养大学生的创新精神、对现实情况主观怀疑的精神,同时培养自己高尚的情操,其实就是以学生为改革目标。学生因为对社会怀疑,才能对社会有贡献。我们改来改去,改的都是些细枝末节的东西,都是在技术层面做改革,我看主要目的就是折腾老师。

其实我们一般说媒体经常炒作的"大学病",其中一个是"衙门化",所以现在要"去行政",意思是说,要让教授不当官,不要给干部身份。还有一个就是"官不当教授",这个很重要,就是说"教授级官员"是不能被接受的。这个现象在香港是不可想象的,哪有官员突然就可以当教授的?你开门课有可能,因为我们有些非常实务性的课程确实需要官员,比如说交易所的官员来专门开门课,讲什么金融啊、证券啊都行,不但可行,也很好。但是想进入正式的教职员体系,那是不可能的。而且中国香港的大学传袭了英国统治时期的制度,它的行政系统是非常庞大的,不像美国行政系统那么小。而且我觉得香港的大学,整个行政系统的权力是大于教授的,至少是不小于教授的权力。内地的大学就更强了。内地的白发苍苍的学者们,在行政人员面前都得低下高贵的头。在北大,一个科长都比教授牛多了。在香港就不至于,干行政的还都很客气,他们还是以教授的话为主的,教授绝对不可能低头的。而且,在香港各个大学,教授跟校长打电话是很容易的事,你有事找他,就给他打电话,他都会跟你讲话的,没有什么高下之分。不仅如此,学生和校长的互动也很频繁,例如香港中文大学的新任校长,竟然和学生半夜一起看南非足球世界杯冠亚军比赛,这在内地是不可想象的。再看看我们内地,普通的学生能跟校长一年见一面就不错了,还是在开学典礼上。所以北大老校长许智宏,当时唱那个《隐形的翅膀》,感动了不少中国内地的学子,他们说校长竟然可以跟我们学生一起唱流行歌曲,他们都太感动了。

你要晓得改革不是一个大学本身怎么改的问题,而是你的外在环境有没有办法孕育出科学管理大学的这么一个制度来。香港的教授有没有自己的主导权?有的。比如说,我们聘任新教授的时候,新教授必须来学校里面访问,我们请他发表一篇论文,由我们来评论他论文写得好不好,每一个教授都发表一点意见,比如你对这个人的印象怎么样这之类的问题。最后做决策的就是几个教授,大概两三个,包括像我这样子的资深教授。而当我们几个人做了决策之后,全体教师是必须服从的,因为它不是一个真正的民主,就是由几个论文发表最多的大牌教授做决策。当然了,我们也会采纳所有教授的意见,但一旦做了决策之后就要全体服从,其实这是个纪律的表现,它不是一个单纯的民主。而且我们遴选新教授的时候以什么为标准呢？第一，考查新教授会不会教书。这个很重要，你表达清不清楚，能不能做一个好老师，这是其中一个考虑的标准。相当于一种"客户体验"。第二。新教授有没有发表论文的潜力。为什么强调这一点呢？因为新教授进来之后，要继续做研究，要把最新的知识带到学堂里，所以我们必须要确认你是否有发表论文的潜力。此外你还必须要有良好的口才，能够把你肚子里的学问讲出来。这是我们选择的几个方向。我们绝对不会因为这个人是我的朋友，所以我就怎么怎么样，这种私心在香港几乎是不可能出现的。因为每一个教授都有自己的信托责任，他们就认为自己的责任就是按照这几个标准评分。请读者想一想为什么我们会有这种态度？我告诉你，不是因为自己的良心，而是整个香港这种外在的环境，也就是大学之外的环境，包括香港特区政府，都有这种信托责任。你晓不晓得香港高官的公务车，夫人和小孩是不能坐的，只是让你上班用的。如果你上班的时候带上你的小孩去上学，或者带上你的狗去看病的话，就违反了信托责任，这是会出大事的。

我觉得我有必要先解释一下什么是信托责任。大学生的父母把大学生交给大学了，社会对大学是有期望的。大学应该怎么兑现它们的服务呢？这套契约精神就是信托责任，也是大学改革的真正重点。比如像我，我对学生逼得是非常紧的，学生必须花非常多的时间攻读我这门课，但是学生可以随时打我私人手机找到我，学生有问题可以跟我讨论，学生写的报告我一定从头看到尾。学生很感动，他们说感觉非常意外，这么有名这么忙的郎教授怎么会有时间读学生的报告呢？我不觉得有什么意外的，因为这是我的信托责任。由于我逼学生逼得特紧，所以我的学生毕业后都不需要经过再次训练，马上就可以上岗。我举个例子来讲好了，我在北京有一个研究队伍，是专门帮我做研究的。我聘过很多我们内地的大学生，包括研究生，但是基本上都不能胜任。我们的淘汰率是很高的，达到

95%，逼得我不得不从香港再聘我过去教过的学生，因为香港的学生可以直接接轨，可是聘用的我们内地的学生就接不了轨，四年下来等于是没学，我还要从头教到尾。我哪有这么多时间？所以我的几个研究助理只好开课，对新进来的研究人员进行再培训，把他们过去这四年浪费的时间补回来。

总体来看，香港的教改就是引进一个制度、一个纪律，而不是一个简单的民主。台湾的教改为什么失败？因为他们引进了一人一票的民主制度。一人一票怎么行呢？如果一个学校里面有60%是比较差的教授。一人一票的结果就是这些人可以掌控全局，他们可以聘用他们的朋友进来.聘用最坏的人进来，这就变成了恶性循环。你说香港民不民主？够民主了吧，但是香港的大学教育是不民主的，就是由少数几个最杰出的学者来做决策，而且都尽自己最大的努力聘请最好的教授。比如说张维迎的老师诺贝尔经济学奖得主莫里斯；他来到香港中文大学做讲座教授，欧元之父蒙代尔也来香港中文大学了，他的办公室就在我的隔壁。他们的薪水并不多，甚至不一定比清华的教授高，那他们为什么愿意来呢？就是因为他们到香港这个环境之后，发现在这个环境里可以自由发挥自己的才能。我再举个例子，在2004年，也就是国企改革大讨论的时代，我当时是非常困难的，比如顾雏军告我之类的，我们内地很多学者，还有利益集团的代言人都在骂我，但是香港中文大学从来没有一个人过问我这个事。学校给予我绝对的尊重与学术自由，这让我非常感动。这种对尊严和学术自由的尊重，在我们内地的教改上体现出来了吗？显然没有，我们内地的教改都是在折腾教授，都是细枝末节的技术型的改革。

香港进行的大学改革相对内地、台湾而言应该算是不多的，所以很多人开玩笑地说香港的大学特规范，有句话是这么说的："如果不想做事。那就什么事都没有,如果想做事,那就什么事都做不成"，也就是说，因为特规范,所以做事难,它把优秀的英国统治时期的以学生为主、尊重学术自由的教育体系保留了下来。台湾跟内地的教改基本都失败了,为什么呢?就是因为没有找对主体,乱改一通,既不以学生为主体,又不提倡尊重学术自由的风气。

二、大学再大却容不下一张平静的书桌

实际上在大学里,教书育人这一关是最重要的。我们现在培养出来的很多学生"产品"是只讲知识,既没文化也不懂做人的,我觉得这是一个非常大的问题。首先我们内地的教授本身的这个操行就不是很得体,总是跟官场搅在一起,另外一个是学术做假,还有就是到各处去跑场子,根本不注重教学,这些都导致了学生这个"产品"比较低劣。我觉得教育的核心目的就是"育人",现在不要说校长,就说班主任,一年能够到你的宿舍里面去几次?他们跟学生见面的机会都很少的,怎么"育人"啊?现在的大学,就是大楼。一个校园里,到处都是大楼。你去中关村一看,哇,北大、清华全是高楼大厦。如果以硬件为标准的话,它们都可以排全世界第一的。剑桥大学跟它们根本没法比,剑桥里都是破楼,好几百年的破房子了。还有香港,除了香港中文大学大一点,其他大学都很小。城市、理工就几栋楼,科技大学就一栋楼。背景提示

1990年中国台湾进行了台湾教育史上最大改革,涉及到了教育的各个方面:法令、师资、课程、教学、教科书、财政等。学习美国,设立大量的大学,最后台湾的大学录取率高达120%,超过了应考的人数。提倡的所谓"多元化入学",结果招生分数越来越低。大学联考,2007年大学录取率96.280k"最低原始总分为11.2分,平均一科2.8分。2008年大学录

取率97.10%,最低录取分数是7.69分。2009年大学录取率97.14%。而且整个大学缺额严重,2008年缺额4788人,2009年缺额6 802人。从表面上看,校园更漂亮了,教学设备更新了,教授的管理更民主了,学校数量增加了,2004年全台湾有高校159所,88所都是教改之后设立的。

我们的台湾地区在经过教改之后,没见有什么收获,反而学生的质量是越来越差了。请问这样的校园民主化、研究经费增加、教授待遇提高有什么意义吗?不把学生放在首要位置的任何教改都是注定要失败的。

三、大学的钱应该怎么花

其实我们今天教改还有一个很重要的问题,就是我们根本没有确立一个正确的评估标准。也就是说,直到今天我们还没有寻找到一个正确的途径,来解决教育财政资源的分配和评估问题。在教育评估上,我们落后的可不是一星半点,我们比英国落后了105年,比中国香港特区落后了45年,比美国落后了31年。更可悲的是,关于中长期教育发展规划的社会大讨论中,我们几乎没有人意识到这种绝对意义上的落后。

我们现在的教育财政拨款的根据是什么?非常简单。就是先经过一种简单的公式,然后再加上估算就可以了。这种办法是有问题的,有很明显的缺陷。首先就是资金的使用率,我们的资金使用率非常低,知道为什么吗?就是因为对于学校来说,争取到拨款是最主要的,也成了一个根本目的,至于怎么用,用了之后能不能产生效益,根本就没有人管,也没有什么监督机制,这就造成很多资金的浪费。除此之外,还有我们的拨款公式,非常粗糙,根本就反映不出来高校的实际成本行为,也看不出高校之间有什么差别。我给你看看英国的拨款公式,就知道我们有多落后了。英国在拨款之前,首先是要计算一下你这个学校的标准资源,然后再计算实际上用了多少资源,最后要求二者差异必须控制在5%以内。那怎么计算标准资源呢?他们把大学里的所有学科分成了四大类,对不同类别的学科投放的资源权重是不一样的,其中,医学是4.5,工科以实验为基础的学科是2.0,其他需要实验室、工作室和野外工作的学科是1.5,余下的学科是1.0,说得通俗点,就是政府培养一个医生所要投放的资源,是商学院学生的4.5倍。之后英国政府才考虑其他一些额外的补助。这样的标准最大好处是什么呢?就是高校根本不需要为了建实验室,或者为了争取必须的资源而天天跑项目、申请经费。你去类似制度的中国香港高校转转就知道了,香港高校的计算机实验室用的都是最先进的电脑,而且数量也很多,对于工程学院来说,几乎每个学生都有一台,而商学院就没这么好的计算机房了。读者知道我们内地的拨款体系是以什么为参数的吗?很简单,就是在校生的数量,而且这是唯一的政策参数,也就是说哪个学校的学生多,哪个学校就能争取到更多的拨款。就所以说,我们就犯了一个很大的错误,那就是完全忽视了"小大学"的理念。我们很多专家学者总是拿美国的综合性大学来说事儿。说什么哈佛、宾夕法尼亚、耶鲁这样的研究型大学的规模如何的大,这样的学校又是世界一流,所以我们要建设"大学校"。提起这些所谓的专家学者就让人恼火,这些人根本就不了解真实情况,美国的大多数大学究竟是什么样子的?我给大家看个资料。根据美国权威的"高等教育编年"的统计,在全美2 386个私立大学中,10 000名以上学生的大规模的私立大学仅57所,5 000到9 999名学生的大学有95所。其他的都是小型大学。更重要的是这些小型的大学虽然规模小,但教学质量却很高,很多小型的本科教育为主的院校招收的基本都是精英。再看看现在我们的高校,都是求大求全,随便一个什么学校,基本都是五脏俱全,什么学科都有。行政机构越来越臃肿,管理呢,越来越官僚化,学生和教授之间的距离越来越大,最后搞得教育质量也越来越差。

我在这里想再次告诉大家,不以学生为中心的任何教育改革都是注定要失败的。普林斯顿大学的校长雪莉·蒂尔曼不就说嘛:"小就是美!正因为我们不需要什么都做,我们才能够集中精力和资源来干两件事情。一是非常严格的本科生教育,二是非常学术化的研究生教育。我们把这两件事情做到了极致。"他们实行的基本都是10到15人的小班导修制度,也正是因为他们的这种专注、这种负责任的态度,才打造了这个"小大学"的世界一流大学地位。其实对于这样的学校来说,人家是要钱有钱,要生源有生源,为什么不像我们一样大搞扩招呢?很简单。因为他们首先考虑的是教育质量问题,如果盲目扩张,一心求大求全的话,结果会怎样?我不说大家也能预测到。如果普林斯顿大学这样做的话,估计也得不到现在这样的国际地位了。再看看我们,兴建大学城、进行大学合并升级,忙得是不亦乐乎,自我感觉也好的不行,我倒觉得这恰恰毁掉了提高教育质量的可能。

不知道读者有没有发现,美国的制度其实有个最大的特点。是什么呢?就是他们的核心既不是教授的福利,也不是大学的规模。而是学生的质量,再看看我们现在的改革,总是绕着教授的福利和学校的规模改来改去,从来都没有搞明白过要改的究竟是什么?也不知道该如何改。是受这种经济利益的驱动,才造成我们现在的高校盲目扩招。这种盲目扩张的结果是什么?我看就是又多了一堆只会照本宣科的讲师给学生念书罢了。

我们还要搞清楚一个问题,就是应该由谁来对大学进行评估和拨款?要知道,对于没有教学经验的政府官员来说,他们是搞不明白大学应该如何评估和拨款的,而那些有教学经验或者学校管理经验的政府官员也不适合负责评估和拨款,为什么?因为有利益的冲突,同时还有严重的学科偏见。在这方面做得最好的就是香港了,香港大学教育资助委员会的成员都是非政府人士,包括一些海外专家、本地各行业的资深人士等等。他们是由特区政府行政长官委任的,没有政府代表,就是一个纯粹的专家团体。因为这些专家基本不受政府的牵制,能比较自由地发表意见,所以他们的意见就具有很强的独立性、科学性和公正性,评估的结果自然也是最可靠的。

除此之外,如果由政府来评估和拨款的话,还有一个最大的局限。比如说,经过评估之后,如果商学院认为自己的核算标准过低怎么办?如果他们面对的是政府机构,估计就只能忍气吞声了,要不就得天天忙着跑项目,到处想办法要领导的批条。但是在英国体制中,因为大学面对的是独立的委员会,这些人都不是什么终身制的官员,只是有限期的社会人士,那么这些大学的不同意见自然就可以迅速、畅通地反馈到委员会来,委员会就可以依据自己的判断重新做出决策。

四、谁来推倒大学的围墙

其实,媒体现在所说的,"深圳大学再次试水改革",就意味着深大曾经改革过。20世纪80年代,著名校长罗征启的几个改革举措,号称是国内教育史上的NO.1。学生交费上学、毕业生不包分配、教职工聘任制度、学分制度、勤工俭学制度全都是深圳大学20世纪80年代创造的。而且20世纪80年代的时候,校长罗征启就有一句名言:"高等学校的心脏应该是图书馆,而不是党政领导办公楼。"但是30年过去了,现在又开始第二次改革,第二次摸着石头过河,就说明它又有回流,才出现了这第二次改革。我们整个教育体系都僵化了,你发现你要推动的时候,你往旁边推一下它就又回到老路了。

我们教育体制的僵化程度比国有垄断企业还可。IB,还顽固。如果我们把大学类比成一个上市公司的话,那你要面对董事会、面对小股民、面对市场的压力。有压力才有动力,对不对?深大和其他很多学校有这个压力吗?深大的压力来自于上面,是自上而下的动力,这就很被动了,如果要是上面不推,它就不往前走了。中国的大学都是绝对的垄断,全中国的大学都差不多水平,都是这么的僵化,这么的垄断,大家都没有改革的压力。

还有我前面提到的信托责任,如果是站在一个学生家长或者学生的角度来看又是怎样的呢?我交学费,大学就要对我们负信托责任,我这个压力通过什么传导?现在没有传导。如果货不对版的话,比如说大学生毕业了,发现受过这几年的学校教育之后,没什么用。那怎么办呢?通常的办法都是企业重新培训,也没有什么对大学产生压力的传导机制。所以现在国内的入职训练就特别多,你看那些跨国公司就很聪明,反正知道你学了也白学,所以挑学生的时候,第一,看你是哪个大学毕业的,如果是名牌的话,透过同学散布在各行各业的校友,以后办点什么事就方便了。第二,他们基本上知道你这个大学的教育学生的方法,跟他这个公司能否对得上路子,其他的完完全全可以重新培训你,只要你有这个潜质就行了。所以,我们已经在大学之外形成另外一个市场了,就是重新培训,如果这样的话,就没有什么压力传导回大学,所以大学也不需要改革。

话说白了,我们的悲哀在于我们学生一个学期花个五六千块钱,买一个牌子,买一个文凭。现实是什么?是你有文凭也不一定能够在社会上立足,但是你没有文凭就一定立不了足,这也是一个垄断的必然结果。因为能够进大学的还是少数人,至少说明你得有一定的水平才能进去吧。中国的大学已经垄断到能够搜刮全中国最好的学生,盖上一个印记之后让他们出来,经过一个在职训练,然后让他们适应公司的工作状态。从整个流程来看,就是缺少一个压力的传导机制,没有形成有效的压力,因此大学是不可能改革的,改革也只是改个细枝末节,因此所有大学的改革还会重蹈过去的覆辙,改完之后还是一样。

从2003年北大人事改革张维迎落寞的背影到现在,这只是改革的一个小的周期。如果我们把眼光放长远一点,从1911年开始,我们中国大学的改革,刚开始模仿日本,后来模仿欧洲大学,再后来又对美国大学模式产生兴趣,但是都没有真正成功过,问题出在哪里?就是缺少压力的传导机制。哈佛大学改革也不间断,他们也是几年一小改、几十年一大改,他们教改从未间断过,他们是怎么改的呢?这个压力很大的。我举个例子,我就以商学院为例,美国很多的专业杂志常常给大学排名,排名包括学生就业的情况、公司的反馈情况等等,每年都排名,通过这样一个机制把信息回馈给学校,这给学校的压力是很大的。因此在美国各个大学商学院,每年都在改革,而且是完全根据市场导向进行改革的。这是中美大学的一个区别。美国大学没有围墙,它跟社会有个良性的互动。而中国大学有围墙,所以巨大压力都被挡在了外面,中国的大学没有什么压力能逼着它们进行改革。

但最严重的问题并不在于中国大学的围墙让改革的压力进不来,而是透过这个围墙,那些名利场都进来了。我们很多大学已经容不下一张平静的书桌了,成了官商俱乐部,各个衙门、企业各种因素都在里面。但是我觉得比较乐观的是中国大学的牌子虽然烂,但中国的大学生却是一流的。他们可以去港台、可以出国接受教育,所以这个竞争就很重要了。这就是为什么我说香港的大学进入深圳本身就是一个利好,因为这就是竞争,学生可以做选择,他可以到美国去念书,到中国香港去念书。之后这个学校就有压力,它就希望改革,这就是外部压力让它改革,这才是大学改革的动力。

延伸阅读

陌生人群:一部经济生活的自然史

阿尔佛雷德·钱德勒强调,规模所带来的优势并不是自然而然的。

首先,只有当面临大型市场(19 至 20 世纪,美国的公司与其他国家相比就占据明显的优势)时,大规模的生产才有意义。

其次,即便你面临的是大型市场,那么也只有当你具备了保持你的工厂有足够能力运转所需的管理技能以及应付多个客户所需的营销技能时,投资大规模的生产设备才有意义。

美国的杜邦公司、通用汽车公司、标准石油公司、西尔斯百货公司和美国钢铁公司卓尔不群的重要原因是它们拥有不同的技术机遇,而不是它们具备全面地发掘这些机遇的组织与管理能力。它们通过有形的管理补充了市场这个"无形的手"。这种情况的一种结果就是许多公司扩大了规模,不仅仅是因为它们具有许多个分支工厂,而是因为确保这些工厂实现高效生产的最佳方法就是既要重视原材料的生产,同时也要重视产品的分配与营销。这种趋势很遗憾地经常被共产主义的中央规划师一味地效仿,他们认为,健康服务、假日别墅以及为工人提供食物的农场对于有效的生产就已经足够。20 世纪 90 年代初期,一位波兰的工业部长告诉我说,克拉科(波兰南部的一个城市)边境的新胡塔钢厂需要的只是加强周边的防护以能够宣布它是一个独立的工厂。

　　《有形的手》于 1977 年出版,这恰巧是多变的经济状况开始限制钱德勒对美国企业的观点的时期。在此后的 25 年中,越来越多的大型公司,尤其是传统制造业公司,已经超越了那些小型的、灵活的竞争者。这些竞争者更集中于关注核心的活动,并且通过其他方式与供应商协调,而不是通过完全的垂直融和。原因也不仅仅与技术有关。例如,不断增长的国际贸易与国内竞争使许多公司更精明地开展各种活动。

　　本文摘自[英]保罗·西布莱特(Paul Seabright)的《陌生人群:一部经济生活的自然史》

第九章
为什么我们的房改这么难之一：
火山理论

房价调控,催生"地产火山理论"。

地产泡沫、股市泡沫所象征的,就是未来危机的开始,就是火山开始爆发。

两大症结,揭开楼市井喷悬疑。

所以越来越多熔岩、熔浆透过这两个没有关掉的管道跑出来了。

制伏"地产火山","郎式方案"曝光。

你要解决房价的问题,不可能一步到位,那是非常复杂的过程,你要做好几步工作。

一、"火山"之下，我们的出路在哪里

最近我们又发飙了，国十条出来了，已经国了很多条了，我都不知道究竟有多少条了。什么国二条、国三条都出来了，我觉得应该这样编号，从001号开始编，国001、国002，现在应该是国90几了。各级政府在比拼谁打压房价打得最凶。政府打压楼价的措施基本都是错的，因为根本就没有理解房价上涨的本质。我想利用火山理论来解释房价上涨的本质。

背景提示

2010年4月14日，国务院总理温家宝主持召开国务院常务会议，研究部署遏制部分城市房价过快上涨的政策，提出四项措施，即新"国四条"，其中包括对贷款购买第二套住房的家庭，贷款首付款不得低于50%，贷款利率不得低于基准利率的1.1倍。这意味着，距2010年1月发布的"国十一条"仅仅三个月之后，新一轮房价调控就此展开。4月17日，《国务院关于坚决遏制部分城市房价过快上涨的通知》，即新"国十条"发布。随着国务院以及相关部门系列密集政策出台，各大银行陆续公布调整房贷执行利率和贷款条件细则，北京、上海、广州以及深圳等一线城市新房开始打折出售，个别楼盘直接降价上千元，一些省会中心城市还出现了较为集中的退房潮。按照"五一"小长假期间的统计数据，北京销售量同比降幅为65%，上海为52%，南京为95%，深圳为79%。被称为史上最严厉的房价调控已经显示出了政策威力。那么，中国房地产价格将走向何处？调控房价将带来哪些方面的影响？到底有没有根治房地产市场痼疾的好办法呢?

我们先看下火山岩浆是如何形成的。2006年下半年,中国发生了楼市泡沫、股市泡沫,我认为这是由于我们的经济生病了。讲得更具体一点,就是投资经营环境已经全面恶化,因此很多企业家把应该投资在企业的钱拿来炒楼炒股了,从而造成泡沫。这个进入楼市的资金就可以解读为火山的岩浆。就在这股火热岩浆蓄势爆发之际,我们的政府插下了两根导管。

第一根导管:老百姓不能自建房,必须向开发商买房。这是什么意思呢?举例而言,我们现在的年轻男女基本是自由恋爱,只有那些不太会谈恋爱的、吃不开的男男女女,才需要到婚姻介绍所。如果哪天政府突然下令不准自由恋爱了,自由恋爱者一律不发结婚证,政府规定必须去婚姻介绍所的话,你晓得是什么结果吗?由于没有自由恋爱的竞争,婚姻介绍所的中介费就会透过垄断立刻大幅攀升。这个跟房地产有什么差别呢?我们现在不能自己买地自己建房,而必须向开发商买,这就像婚介所一样,造成开发商的垄断,价格肯定上去了。政府为什么不让我们自己建房呢?政府认为我们不会建,会建得乱七八糟的,不好管理,是吗?那德国人怎么可以呢?德国政府对自建房规定得非常清楚,哪个地段房子盖多高,屋顶什么颜色,窗户什么样子,都规定得清清楚楚,你只要按图施工就好了,有什么难的呢?我们在后面的章节会谈到2010年深圳市放宽了这个规定,从而引入了竞争机制的问题。

第二根导管:缺少经济适用房和廉租房。截止到2009年年底,新加坡政府总共建设了99.2万套的经济适用房,保证了85%老百姓的住房。而且新加坡不是根据成本核算,而是根据老百姓的收入核算,保证老百姓6年的收入就可以买一栋房。新加坡像我们一样的商品屋只有15%,而

15%的人所住的商品屋每平米价格在4万到5万元人民币。

背景提示

在西方一些国家,住房被明确界定为公共事务,也因此获得立法保障。如英国1919年颁布《住房和城镇规划法》,明确规定住房问题属于公共事务,政府应对公共住房建房提供支持。1946年至1951年间,英国政府负责建造的房屋总量高达全国建房总量的78%。荷兰则在1901年颁布《住房法》,明确规定:政府应为公共住房建设提供补贴和制定建筑规范,政府在住房市场中扮演决定性角色,"提供充足住房"是政府的责任?1974年,荷兰又颁布《租房与补贴白皮书》,强调"住房政策的目标就是为低收入阶层提供合适的住房"。美国在1937年出台《住房法案》,明确政府负责低收入家庭的公共住房建设,居住者只需支付较低房租。此后相继出台《庄房和城市发展法》、《住房和社区发展法》,住房的公共特性得到保证。那么,我国在住房的认识问题上又经历了怎样的变化呢?

那么在香港什么样的人能够享受政府补贴呢?月收入6万港币以上的.必须向私人开发商购买商品屋;月薪在2.6万到6万之间的,政府提供低息贷款,以优惠价供应住宅;月收入在1.1万到2.6万之间的,以低于市场价30%到45%的价格购买房屋;月收入低于1.1万的,可以享受廉租屋,房租非常便宜,平均价格每个月1 320港元。香港是个规范非常严格的城市,严格执行的结果使得香港50%的老百姓都有政府补贴。政府为了解决老百姓住房的问题,就用公共资源建设公屋,包括廉租屋和经济适用房。

我们过去有没有这种概念呢?有的。1998年国二十三条出来了,当时规定80%经济适用房,10%廉租屋,剩下10%才是真正的商品屋。因此从 1998 年开始,一直到 2003 年房价都很稳定。但是从 2003 年开始,政府推出了国十八条,我们的政府偷换概念,把 80% 的经济适用房改成具有保障性质的商品房,这不就是商品屋吗?直到现在,几乎 100%,都成了商品屋,我们的地方政府对建经济适用房和廉租屋一点都不感兴趣,它们的理由是中央政府拿了六成的税,却只干了三成的事,而地方政府拿四成的税,却得干七成的事,所以财政吃紧,必须靠卖土地维持财政预算。我们的政府把全体老百姓对住的需求都推向了商品房市场。我们的弱势群体,包括大学毕业生、农民工怎么可能买得起商品房呢?2003 年的政策一被推出就注定了它的失败。

既然谈到新加坡和中国香港,我就想趁此机会告诉我们各级地方政府,应该如何学习它们的土地财政的新思维。

第一个思维:我们看看香港,2007 年香港政府的卖地收入是 133 亿港币,占 GDP 的 0.8%。而 2007 年我们内地的卖地收入占 GDP 的比重是 4%,远远高出香港 5 倍以上。到了 2009 年,香港卖地收入占 GDP 的 1.53%,而我们内地卖地收入占 GDP 的比重高达 4.5%。所以和香港比起来你会发现,我们内地依赖土地财政的程度更大。而且这还只是全国平均数。如果具体到地方政府的话,比如说北京,卖地收入占财政收入的比例高达 50%,这就不晓得是香港的多少倍了,因为香港只占 1.53% 左右。

第二个思维:中国香港和新加坡透过高地价、高房价,不但保证用地的效率,同时增加了财政收入,从而维持了低税率。所得税对年收入 30 万新加坡币以下者只有 8.5%,30 万以上的和中国香港一样是 17%。

第三个思维:新加坡工业用地以租赁为主,而中国香港是以出售为主,香港的工业用地每一平方米高达 8 万港元,全世界最贵。所以香港制造业全线崩溃,只能做服务业、金融业。而新加坡透过政府的绝对垄断,提供绝对低的价格,80% 的工业用地都集中在政府工贸部所设立的裕廊集团内。出租价格每平米在 200 到 280 新元之间。所以新加坡有非常繁荣的制造业，就是因为新加坡政府的优秀规划。

二、封堵火山的天外来石？

背景提示

2003 年 8 月 12 日，国务院发布《关于促进房地产市场持续健康发展的通知》，把经济适用房由"住房供应主体"改为"具有保障性质的政策性商品住房"，把房地产业定性为"促进消费、扩大内需、拉动投资增长"的"支柱产业"。随着地产市场呈现繁荣景象，房价飞速上涨，我国住房的公共性也渐渐淡化。我国房地产市场的高速发展除了自身问题之外，还存在外部经济因素的助推。那么，今天地产市场的外部经济因素还包括哪些？房价高企的本质问题又是什么呢？

我们政府的这两根导管插下的结果，就使得火山岩浆迅速爆发。举例而言，2006 年为什么有楼市泡沫？就是因为我们以制造业为主的民营企业家所面临的投资经营环境已经开始全面恶化，这就是我们经济生的第一个病，所以大量制造业资金离开实体经济，进入房地产市场，所以火山熔岩开始产生了。再加上政府插下两根导管，造成火山爆发，房价大涨。

很不幸的是 2008 年 11 月金融海啸爆发了，我们出口受到重创，很多工厂制造出来的产品卖不掉，从而形成产能过剩，所以又多了第二个病，叫产能过剩。政府为了应付金融海啸，透过 4 万亿、十大产业振兴方案，汽车、家电、建材下乡,透过银行信贷从事基础建设等等方式拉动内需。实际上,这几个政策都是在利用明天的产能过剩消化今天的产能过剩。举例而言,4万亿投资在中西部的高速公路建设上,建好以后上面基本没车跑,而没车跑的高速公路就只能叫做产能过剩的高速路。但是在建的时候需要钢材、水泥,所以可以暂时解决这两者的产能过剩。不知道政府有没有想过,高速公路一旦建完,由于没车在上面跑,就立刻形成了一个新的产能过剩,由于不再需要钢材、水泥,所以就把这两个行业打回原形,又成为产能过剩。在因出口受创而形成的产能过剩的基础上,中国的产能过剩更加恶化了。其结果就是从2009年8月26日开始,到2010年的年中,很多行业都产能过剩,包括钢铁、水泥、平板玻璃、煤化工、多晶硅、风电、电解铝、化肥、电力、煤炭、焦炭、有色金属、造纸、制革、印染、建材、轻工、纺织,等等。

最近几年我们企业家所面临的投资经营环境比2006年还要恶劣,再加上我们又多了第二个病,也就是严重的产能过剩,使得企业家的大量资金离开实体经济进入楼市,从而使得熔浆增多了。此外,最近通货膨胀又抬头了,即使是为了逃避通胀,老百姓敢把他们的资金投到实体经济上吗?不敢的。为什么不敢?因为两个病还没解决。那为了逃避通胀,这些资金该流向哪呢?楼市。这就更增加了熔浆。由于两个导管没有斩断,所以不能自由谈恋爱,再加上不建经济适用房跟廉租屋,所以越来越多的熔岩透过这两个没有关掉的管道爆发了。

背景提示

近年来,国务院及相关部委先后出台了一系列调控房地产、稳定房价的政策,投机性购房初步得到抑制。但部分大城市房屋价格上涨过快,中小户型普通住房供应不足,调控机制不完善,城镇居民对于住房问题满意度较低等状况仍然存在。2007年8月7日,国务院发布了《关于解决城市低收入家庭住房困难的若干意见》,将解决低收入家庭住房困难作为维护群众利益的主要工作和住房制度改革的重要内容。那么,为什么政府会把低收入家庭住房困难列为工作重点?如果不能事先做好疏导工作,单纯打压地产价格又会产生怎样的后果呢?

过去为什么楼价调控都失败?那就是因为政府总是想把一块大石头直接压在火山口,堵住火山岩浆。而这个大石头是经受不了火山熔岩的喷发的。因为火山熔岩温度太高,会把大石头给熔化掉。这就是为什么过去调控只有短期的效果,而最终都会失败的原因了。

那我们政府怎样才能真正解决掉问题呢?必须封掉这两个管道,同时稀释岩浆。政府正确的做法应该,第一,允许自由恋爱;第二,大面积地造经济适用房跟廉租屋。只有这样,才能把这两个管道封死。同时呢,把熔浆化解掉,怎么化解掉呢?那就是帮助企业家改善他们的投资经营环境,减少产能过剩,企业家资金和避险资金就愿意投资实体经济了,熔浆自然而然就被稀释掉了。但是我们却不循正道解决火山的问题,反而计划推出房产税。你知道推出地产税会造成什么结果吗?地产税就等于从火星上面找一块天外来石,直接压在火山口上。是不是说这种宇宙上面的岩石特别抗高温?是不是真能压住火山口?

背景提示

我国从20世纪80年代启动住房制度改革,特别是1988年停止住房实物分配以来,已有效地启动了居民住房消费。随着城镇住宅建设不断加快,居民住房面积不断扩大,居住质量不断提高,住房条件得到明显改善,但另一方面,普通住房价格偏高、保障性住房建设滞后、市场监管相对薄弱等问题,特别是住房保障制度尚未真正建立和完善等问题也都暴露出来。而随着住房商品化,以住宅为主的房地产业已经成为国民经济的主要支柱产业。如果说作为完善房产制度,需要强化政府的公共责任,那么作为支柱产业,又应该如何规避打压房价可能遭遇的风险呢?

首先我们得搞清楚,房产税究竟指的是什么。开始叫物业税,后来说是房产税,现在还有人说地产税,还有财产税,特别消费税等等。我们国家的土地自1982年的《宪法》修改以后,变成了土地国有化。其实,在1954年《宪法》的时候,仍然是承认农民拥有土地及相关生产资料的,只是在1982年的《宪法》中改掉了。因为物业税的征收需要人大的一个立法程序,所以就提出了房产税,房产税的暂行条例1986年就通过了,对经营性的住房进行征税,但是非经营的、自住的住房是不征税的。而且因为这个税种的征税很难,地方的一些税务局就和一些居委会结合起来,透过奖励举报的方式进行全面征税。

三、美国房产税,为的是藏富于民

这几年由于火山岩浆成型,政府又插下了两根导管,使得房价大涨,从而得罪了所有买不起房的人。政府再搞房产税的结果,又要得罪了所有买得起房的人。结果全国老百姓都被得罪了,那政府执政的基础怎么办呢?世界银行的报告《城市房产税的改革,指导原则与建议》给出了一个骇人听闻的结论——"房产税必然要承受非常沉重的政治代价"。我觉得这句话送给我们政府是最适当的。我希望我们政府不要被那些不要脸的、可恨的宠物经济学家所误导。这些学者可恨在哪里呢?他们是有权阶层和富人豢养的一群狗,当政府要做某个政策的时候,他们既不会站在老百姓的立场上,也不会站在科学的角度来考虑问题,只会争先恐后去巴结、表态。举个例子,这些宠物学者指出房产税的征收明显加大了住房保有环节的成本,对持有空置住房的投机人打击更大,使得他们从炒房中获得收益降低,从而可以将资金引向合理的经济领域,等等。这些评论基本都是扯淡。例如国信证券就曾经这么胡扯地指出,在推出物业税不成熟的情况之下,逐步推进房产税改革,将削弱房地产的投资品属性,有利于平抑房价,改变人们的心理预期。

我想请问这些学者,房产税的本质是什么?是用来打压房价的吗?你们连基本观念都搞错了。美国是土地私有,因此由土地所有人缴纳地产税有其合理性。如果美国人在自己的土地上发现了石油就归他个人所有,因为土地是私有的。而我们的土地是属于政府的,我们根本就没有缴纳房产税的私有化基础。地产开发商已经交过出让金了,而出让金就类同于租金,也就是说我们已经交过租金了。哪有交了租金之后,又替拥有土地的政府交房产税的道理啊?政府怎么能够想收就收啊?政府叫它物业税也好,地产税也好,房产税也好,反正就是不合法。如果我们在建房的土地下面发现了石油会是什么后果?肯定强制拆迁,把我们都赶跑。

而且美国推出房产税的目的不是为了打压房价,而是为了让房价升值,藏富于民,让老百姓获得更高的价值。举个例子,按照美国的做法,美国平均征收1.38%的房产税,这个房产税28%给乡镇政府,22%给县政府,只有4%是给州政府的,总共54%。但是你要晓得,美国的乡镇政府跟县政府的政府官员实际是非常少的。一个县政府的政府官员搞不好只有三个人,一个是管司法的,一个是办理结婚证照的、证照查验的,还有一个行政官。他们县政府的人数比我们一个街道委员会的人数还要少,为什么?因为美国的政府很高效的,美国老百姓不会花钱养这么多政府官员,哪像我们,到处都是官员!

美国的地方政府拿到房产税后,会将其中54%用于聘用警察改善治安,搞建设改善环境,剩下46%的房产税将全部用于改善教育。美国公立中小学教育年度预算是3 000亿美金,全部来自于这460A,的房产税。99%的美国人都是念公立学校,从幼稚园到高中毕业,总共13年,全部免费,有些富裕的学校中午吃饭还免费,这才是真正取之于民用之于民。

美国政府的所有支出全部有非常清楚的记录,老百姓可以上网随时查询,不像我们政府的预算简直就是一笔糊涂账。本地的治安、环境、学校都改善了,房价自然水涨船高。而增值的部分,美国政府抽取1.38%的地产税,剩下的98.62%都归地产所有人。这就是为什么美国人非常乐意交房产税,因为房产会增值。那我请问各位朋友,如果我们政府拿了房产税之后,它能把每一分钱都花在我们的环境上,花在我们子女的教育上,花在我们的人身安全保护上,都花在我们附近的花木、我们附近的环境卫生上,你愿不愿意交呢?你当然愿意。

美国房产税的本质之所以值得我们探索,是因为我们个人不可能有条件去改善居住环境、社区治安和学校教育,因此必须透过政府集合我们所有人的房产税,大面积地帮我们改善环境、改善治安、改善学校,这样我们的房产才能增值。对于美国的老百姓而言,每一年只拿出1.38%,的钱,就可以透过政府享受到这么多的福利,而这么多的福利是我个人做不到,必须透过政府的公权力,让所有社区的人同时交地产税,然后才能够达到环境、治安、教育改善的目的。所以,美国房产税是为了让房产升值,从而藏富于民。而我们的学者却提议透过房产税打压房价,他们简直连基本观念都没有搞懂。我过去讲到这些学者会很愤怒,不过现在我也不会了,跟他们计较什么呢?这么多可怜的人,就靠着胡说八道混口饭吃,算了算了,别跟他们计较了,反正他们讲话也没人听,对不对?

你知道美国是怎么征收房产税的吗?是由居民公选最诚实敬业的人

做房产评估员。一般是两个不相识的人上门共同做评估,测量房屋的面积,登记房屋的数量,包括有多少个浴室,等等。然后登记完之后,两个人分别做评估,然后全部上网公开。居民能够查到所有的资料。如果认为过高的话,可以找评论员来理论,评论员会详细介绍评估的方法。比如说面积、年份的问题,还要考虑到结构的问题,建筑商的问题,还有类似房子的成交价格问题,等等。如果老百姓还是不满意,可以向州评估委员会上诉。那我请问你,这在中国能做得到吗?在中国由谁来评估?肯定又是政府官员。这简直是在平白增加贪污腐败的机会。为了让他评估低一点,给他一点钱,是不是就给了他腐败的机会?而且就算是我们引入美国的制度,找了两个人一起来评估。我相信评估完一次以后,两个人就开始勾结了。如果我们老百姓对评估不满,怎么申诉呢?是不是再去信访办?信访办申诉多了,把你给抓起来打一顿有没有可能?当然有可能,我们有些地方政府这种坏事少干了吗?在这样的环境下,你怎么公正、透明地评估房地产?如果评估不了如何收税呢?而且收了税之后,政府怎么用这个钱?到最后又是一笔糊涂账,拿去公款吃喝、出国旅游、贪污腐败了。我请问老百姓,你愿意交吗?听我讲到这儿,读者应该明白了,我们中国根本就没有征收房产税的条件。为什么?因为我们根本就没有一个公正、透明的评估机制。我们只要找官员来评估,就立刻会产生腐败,而且我们连申诉的机会都没有,除非你不怕挨揍。

四、我们的房产税，到底藏富于谁

各位读者知不知道一旦按 0.8% 的比例来征收房产税的话，这个税有多少？基本上一年房产税的总额超过这个城市一年的财政预算。我以杭州市为例，一年财政预算就是 400 亿，而房产税竟然超过 400 亿，加在一起就是八九百亿。财政预算一向不透明的政府，突然之间财政预算多了一倍，你说政府会干什么？肯定基本就是低效率的投资浪费和不可避免的腐败。而且一旦征收房产税可以增加财政预算的话，地方政府就会食髓知味，而一旦花顺手了，明年就更要增收地产税了。

各位读者晓不晓得，为什么世界银行说政府征收房产税将付出沉重的政治代价？这是因为房产税和其他税种有着本质的不同。过去的税种老百姓虽然不满意，但是不会抱怨。为什么？薪资所得该不该交税？企业利润该不该交税？我卖房子该不该交 3% 的契税？交易税呢？农业税呢？这些税种都是因为我们有了收入以后，交一部分给政府，至少我觉得还可以理解，可以承受，是不是？那么请问读者房产税是什么性质？说白了，就是政府敲开你的房门，直接拿把刀砍下你的手臂拿走了，这就叫房产税，这是一个唯一不创造收入的税种。

此外，房产税还是个劫贫济富的税种。这个话听起来有点奇怪，政府征收这个税种的目的不就是打压投机吗？而投机者应该都是比较有钱的人啊？表面上看是这样的，可是请读者想一想，真正的炒房者会长期持有吗？所谓炒房，就是快买快卖。既然这样，你能打击到投机者吗？真不晓得那些专家怎么想的。就算长期持有吧，也分有钱人和穷人，有钱人当然交得起房产税，所以也打击不到他们。真正被打击的就是那些替共产党卖了一辈子命的退休人员。以上海为例，一对退休夫妻，好不容易存了60万元，几年前买了一套100平米的房子，现在涨到了300万元。如果按照0.8%交房产税的话，这对退休夫妻一年就要交2.4万元。夫妻两人的一年退休工资全部被洗劫一空。

而且你知道把地产税直接压在火山口会有什么结果吗？这种宇宙上面的岩石也许真特别抗高温，也许你还真就把火山口压住了。过去政府对房价的调控就是简单地把一块大石头直接压在火山口，堵住火山岩浆。其实过去盖上的大石头压不住火山熔岩还好，最多是石头熔化了，火山熔岩继续爆发，房价继续涨就得了。但是你有没有想过，你拿一个地产税压住火山口，结果你是压住了，那万一给长期压住的话，你晓不晓得后果？我告诉你，后果不堪设想。因为高温的火山熔岩将会从地壳的最薄弱环节再次爆发。那就是第一，恶性通货膨胀立刻爆发；第二，中国经济进一步衰退。这还算好的，你有没有想到一个最坏的情况？那就是整座火山就此爆炸。

而这就解释了为什么股指至少到了2010年7月还在2 500点打转。因为你每压一次火山口，股指就跌一次，压两次跌两次，压三次跌三次。现在股票市场就看你如何处置地产，你如果想用地产税来压的话，到最后最坏的结果可能就是整座火山爆炸，而火山一旦爆炸，股票市场就必然跟着爆炸，进而就会产生不可预测的政治后果。这就是为什么世界银行要提出警告"房产税必然要承受非常沉重的政治代价"的原因了。

延伸阅读

搏金

"喂,这到底是怎么回事?为什么股价会这样急剧地下跌?"在以橡木为主材料的大约有40张榻榻米大小的房间里,响起了一个男人愤怒的声音。

"好像是海外的投机使当前基金将股票大量抛售造成的。"一个有点臃肿的小个子男人带着惶恐的表情,不知所措地回答道。

窗外是日比谷的大厦街和在冬日微弱阳光照射下的二重桥。

房间的后方有一张硕大的行长专用办公桌,一台通常不怎么使用的计算机和一个历代住之江银行行长使用过的、已经解决和尚未解决问题的文件箱,背后的书架上摆放着《华丽一族》《白色巨塔》等西胁行长最喜欢阅读的大阪名作家山崎丰子的作品。

已经是下午4点多了。坐在办公桌前黑色皮沙发上的四井住之江银行行长西胁难掩一脸的愤怒。他的眉眼和嘴唇特别鲜明地皱在一起,形成了一个"一"字,像战国时期武士的脸。站在他面前的企划专务和企划部长一言不发地低着头,将视线落到那份股价表上。

3天之前,作为持股公司的四井住之江金融小组针对赋予普通股转换权的优先股的发行,发布了将会增资3 000亿日元的消息。顿时,住之江股票遭遇到大规模的抛售,当天股价就从发布信息之前的40.3万日元一下子跌到30万日元。

"投机基金组织及其同伙似乎是想使股价下跌,才将转换价设定在很低的价格,其目的是将来把大量股票握在手中。"矮胖的企划专务将打听来的消息原封不动地说了一遍。

"那我们公司的情况如何?"头发花白的西胁用锐利的目光上下打量着面前的两个人。他雪白的衬衫上面系着一条颜色鲜艳的蓝领带,外面是藏青色的西装。这个人在年轻的时候被人们称为"冷面无情的合理主义者",他对处理大承包商和总商社的一些漏洞、破绽很有一套手腕。两年前,他跳出旧财阀的组合框框,合并了住之江银行和四井银行,成为很有实力的银行家。

"今天降到了1 200亿日元。"

"高盛是怎么说的?那帮家伙,等到赚了钱就拜拜了吗?"西胁瞪大了眼睛。

股票发行量的增加,会对股市产生稀薄化的影响,而在这种影响下许多股票价格会下跌,西胁也是有所预料和觉悟的;但是,现在这样的事态却是他做梦也没想到的。

本文摘自[日]黑木亮的《搏金》

第十章
为什么我们的房改这么难之二：
重庆模式

邂逅神秘贵宾，谁带来惊喜？

我期待我旁边坐的是周迅或者章子怡，结果来了一个老头子坐下来了。

4 000万平方米廉租屋计划，重庆地产变脸规模惊人。

从明年开始，将吸引300万民工进城。只要你有工作，就给你重庆户口。

启动新城市计划，重庆模式意义何在？

所以重庆模式走到最后，能够构建一个稳定的房地产市场，这才是我们所需要的。

一、火山理论遇到重庆模式

既然我们的政府调控楼价的时候,总是拿一块大石头压住火山口,那么我们的出路在哪里呢?简单地讲,只有解决火山危机才是真正的出路。2010年6月12日,七大部委联合推出重庆模式的新闻吸引了我。

看到这个媒体的报道,我有点意外,因为重庆模式直接就解决了我提出的火山问题,我们政府的水平怎么陡然提高了?似乎有点出乎我的意料。因此,我很犹豫,要不要谈谈他们所谓的重庆方案。6月13日。我从重庆飞回上海,我期待我旁边坐的是周迅或者章子怡,可以聊聊天,排解一下旅途的寂寞。结果我旁边坐了一位比我还要老的人,心中实在郁闷。仔细一看,原来是重庆市长黄奇帆。当然啦,他可能也期待碰到周迅,所以他好像也不太高兴。我们两个既然都碰不到周迅,就只有互相聊重庆模式了。

背景提示

位于中国内地深处的重庆正在成为中国最为吸引眼球的明星城市。自全球金融危机爆发之后,沿海地区经济遭遇困境,而重庆的GDP增幅高达14.3%。越来越多的人开始谈论,中国经济深度改革是否正在进入重庆时间。重庆模式的特征并不仅仅表现在GDP上。2010年6月12日,由住房城乡建设部等七部门联合制定的《关于加快发展公共租赁住房的指导意见》正式对外发布,媒体认为,该意见标志着公共租赁住房由此被上升至国家战略。而在此前的6月8日,《重庆市公共租赁住房管理暂行办法》已经出台,这是国内第一个政府公共租赁住房管理暂行办法,一场规模宏大的新房改进入到实际操作阶段。那么,重庆方案是如何调整房地产政策的,重庆模式对于中国经济发展的意义究竟在哪里呢?

2100年4月17日,国务院出台了《关于坚决遏制部分城市房价过快上涨的通知》,俗称"新国十条",开始了抑制商品房价格上涨过快的又一轮调控。5月21日,重庆市公布了房产调控细则,即"渝十条"。出人意料的是,在这个细则中竟然包含着对购买第一套商品房给予税收优惠和财政补贴的内容。那么,重庆是如何认识房价调控政策的?重庆模式的妙招究竟在什么地方呢?

重庆模式很简单,那就是斩断我前面讲的火山理论的第二根导管,同时稀释岩浆。重庆市决定在未来三年以平均价格2 000元一平米的成本构建4 000万平方米的公租屋。这样子的规模才有诚意!像上海市2010年7月推出427户经济适用房的抽签,这种没诚意的数量还好意思推出来?我都替上海市的领导脸红,竟然做这种低劣的形象工程。重庆的总投资金额1000亿元,其中30%来自于地方政府的土地入股,70%来自于社会融资的平台,比如说社保基金。社保基金存在银行的回报率目前是2%。而根据重庆的做法,4 000万平方米的公租屋收取市价的六成租金就可以给予社保基金4%的回报率,因此他们当然愿意投。这种大规模的投入。就斩断了火山的第二根导管。

背景提示

按照规划,2010年重庆将开工建设500万平方米公共租赁房。2010到2020年,重庆市主城区公共租赁房总建设规模将达2 000万平方米左右,远郊区县根据城市化进程,将建设2 000万平方米公共租赁房。公共租赁房的租金价格在市场租金价的600%以内,收取的租金主要用于兑付建房款利息,租赁期最长为5年。那么,谁将是公共租赁住房的受益者呢？

既然重庆能做，其他地方为什么不能做呢？可见不是不能，而是根本不愿意做。我们各级地方政府对于卖地的兴趣很大，对于替老百姓谋福利的兴趣就不大了。当然啦，地方政府也找了不少借口，例如中央政府拿了六成的钱、只干三成的事，而地方政府只拿了四成的钱、得干七成的事，既然财政来源不够，就只有卖地了，这就是土地财政的由来。不只如此，土地财政和地产开发如此息息相关，腐败就不可避免。

二、什么是重庆模式的杀手锏

重庆市搞大量公租屋给谁住呢？按照重庆市目前的规划，给三类人住。第一，有工作的农民工；第二，有工作的大中专毕业生；第三，住房面积13平方米以下，个人收入2 000块、家庭收入3 000块以内者的低收入家庭。可是很多城市的经济适用房地下停车库停放奔驰、宝马的权力寻租现象激起了民怨，这个问题如何解决呢？重庆对此采取了宽进严出的做法，对于这三类人，基本不会查祖宗十八代，这是"宽进"，当然，权力寻租者也可轻松进入，但是必须"严出"。公租屋就是廉租屋，住了5年以后可以买下来变成经济适用房，这可以解读为公租、廉租和经济适用房的三位一体。但是将来你要卖的话，就只能按当时经济适用房的价格卖给政府，因此基本无利可图。只要把出口这一关严格把控住，让这些权贵人士赚不到高利润，他们就不会进来了，无利可图的事情他们是不会干的。这个宽进严出的政策就这么简单，其他地方的官员不会想不到的，那各个政府为什么还允许经济适用房居住5年之后可以以商品屋价格出售呢？很明显,是为腐败官员的介入提供有利可图的出口。有些人担心,公租屋将来会不会形成新的贫民窟?因为住的人不是农民工,就是大中专毕业生,再不然就是低收入群体。目前重庆市公租屋的规划占20%,商品屋占80%。目前计划构建的21个住宅当中,公租屋全部散落在各个商品屋小区当中,而不是自成体系,所以不会成为贫民窟。

背景提示

重庆推出目前全国最大规模公租房的建设计划,被媒体评价为具有远见的政府行为。随着国家在公共租赁住房政策导向上的明确,公租房建设将成为未来两年新的热点,由此形成新一轮住房制度改革的突破口。那么,如此大规模的住房建设又会带来哪些问题?新的城市化浪潮又隐藏着哪些考验呢?

读者肯定有疑虑,构建4 000万平方米的公租屋要占多少农地啊?重庆为了解决这个问题,就推出了地票制度。从2011年开始,重庆将陆续吸收300万农民工进城,而且只要你有工作,就给你重庆户口,可是,你必须放弃宅基地复耕为农地。这个怎么操作呢?假设一个农民工进城拿到城市户口后,就将一亩宅基地转化为农地,这样他可以得到一亩的地票。而以后重庆市的开发商必须透过公开拍卖的形式,在购买地票之后才能盖房子。按照我们的数据显示,2009年地票的成交价格平均每亩在10万元以上,2010年4月份,每亩地票的拍卖价格高达14.4万元。而这些拍卖的钱直接交给农民,农民可以把这些钱带到城市去消费。这种地票制度最后的结果是耕地面积的增加。为什么呢?以一亩地为例,迁出一户农民,空出来一亩地的地票,而一亩地在城市可以盖一栋高楼,养100户人。所以,地票制度,用一户农民换一栋大楼里100户的都市家庭。这种置换的结果,就是农村土地不但不会减少,反而增加。

三、重庆模式,化解火山危机的希望?

按照重庆市市长黄奇帆的分析,重庆和全国的差距主要是农村的差距,重庆在1997年直辖之初到现在,常住人口城市化率只有51%,数百万进城农民工仍然保留着农民的身份,一年到头往返在城市和农村之间。那么,要在此基础上,2012年实现300万农民工变市民,到2020年实现1 000万农村人群转户目标,黄奇帆又将依靠怎样的手段呢?

这300万农民工城城以后做什么啊?总得有工作吧?重庆提出了打造IT产业的宏图。比如重庆引入了惠普,准备在三年之内生产4 000万台笔记本,而2008年全球笔记本产量不过1.6亿台。还引进了思科,说三年之内要生产100亿美元的服务器、路由器。同时还积极引入其他IT巨头,黄奇帆把它们的名字告诉了我,但是希望我不要泄露,因为他们还处在谈判的.阶段。整体看来,这是一个全新的IT发展模式,因为过去在沿海地区,IT产业80%的零配件都是海外进口。但是重庆模式却是80%零配件均产自于重庆。为什么呢?因为惠普和思科的产品大量生产的话,像富士康、广达等这些配套工厂,自然愿意到重庆生产。只要富士康、广达来了,它们的零配件供应商也就跟着过来了。就是透过这种新的招商模式,一个和沿海地区截然不同的IT行业就发展起来了。而且从重庆飞到美国、欧洲,和从上海、北京飞到美国、欧洲的成本是一样的,因为电脑都是走空运的。

其实重庆模式的优越,不是他们简单地盖些公租屋而已,而是引进了前所未有的系统工程的新概念,也就是透过4 000万平方米的公租屋、地票制度和IT新模式三步曲构建了一个前所未有的系统工程,从而解决了住房难的问题。而且重庆为了解决住房问题,它们一改过去政府直接拿一块大石头压住火山口的头痛医头、脚痛医脚的拙劣做法,直接解决了我所提出的火山问题,那就是透过4 000万平方米的公租屋斩断第二根导管。此外,像惠普这样的国际巨头为什么会到内陆城市呢?就是因为重庆市政府积极地改善投资经营环境,而改善投资经营环境将使得火山的熔浆更快地被稀释掉,因为有更多更好的投资机会出来,大家就愿意投资,大量的实体经济资金不再拿去炒楼炒股,从而就稀释了岩浆。

读者肯定会问我虽然重庆斩断了第二根导管,稀释了岩浆,但是第一根导管没斩断啊,而且火山岩浆也不可能马上消退,还是会顺着第一根导管爆发,那怎么办?重庆市的态度非常明确,那就是双轨制,商品屋价格该涨就涨,政府不干涉,政府的工作就是大量兴建公租屋以满足上面说的三类人的住房需求。我对这个思维还是抱持肯定的态度。

背景提示

"按照重庆模式,西部可以打败长三角",这是重庆市市长黄奇帆面对媒体时的公开表态。重庆模式正在走出单纯依靠打压房价来实现调控地产市场的方式,完成"低端有保障、中端有市场、高端有遏制"的地产新格局。随着北京计划拿出50%以上的土地用于建限价房、公租房,以及深圳市即将出台新的不受户籍限制的住房保障制度,中国城市"二次房改"的面目已经越来越清晰。

最后我想提醒各位读者,重庆的领导必须有着非常大的能力、精力跟时间搞定这么大一个系统工程,只要一个环节出问题,就可能使整个系统瓦解。当然了,我不能预测结果,但是至少重庆模式给了我们一个新的希望,那就是我们部分的地方政府还是可以解决房屋的问题,只要重庆能做,其他城市也能做。我呼吁各级地方领导好好思考一下,如何构建一个适合本地发展的系统工程,帮助老百姓真正解决住的问题,只有这样,我们这个国家才会慢慢步入一个和谐的社会。

四、广东经验,大刀挥向何方

读者肯定很好奇,政府要如何做才能斩断第一根导管呢?我们有没有实际的案例呢?也有,我认为广东的经验是可以借鉴的,但这决不是唯一的办法。深圳在2009年12月1日实施一个新的办法,叫做《深圳市城市更新办法》。该办法规定权利人可作为更新改造的主体,自行融资、自行改造,而不需要进行统一的招拍挂。这个统一的招拍挂本身就是我前面讲的第一根"导管"。要知道。就是因为这个招拍挂造成了地产开发商和政府的联合垄断,导致了火山岩浆的爆发。

广东的具体操作办法就是城中村一人一票,选出他们所信任的管理层和董事长,来代表老百姓和开发商谈判。这就是为什么我们可以看到大红的条幅挂在城中村口,条幅上写着"签约动迁早一天,幸福生活早实现"。还有媒体写的是"一批旧屋倒下去,多少富翁站起来"。有些业主说"我的房子多少钱也不卖,我要等拆迁"。当然这些都是媒体报道的,我不敢保证它的真实性。我还有几个媒体报道的数据可以给各位读者参考,我也不确定真实性。岗厦村的旧城改造,造就出10个亿万富翁和数十个千万富翁,南山区的大冲村也拆出了十几个亿万富翁和400多个千万富翁。这些村被称为深圳CBD最后的城中村。

当然有些村它有自行开发能力,它根本就不找地产开发商,它们自己就可以开发。譬如说深圳的田下新村的改造就是自行开发的模式。老百姓如何入股呢？村民都用他的宅基地入股。建好之后，除了自己住之外，也可以卖掉，从而富裕了很多人。这个模式就是在地产开发商垄断之外的一个新的竞争模式，这样就斩断了第一根导管。

尽管这个模式被批评为图利所谓的"食利阶层"，也就是说城市化过程中，城郊结合部的居民是最大的获益者。比如深圳就出现一个，他什么也没有干过，就因为老天给他生在这个村庄里面，他就享受到了切断第一根导管的好处，成了很有钱的富翁。当然，我们也可以像过去一样，强制拆迁，把"食利阶层"打出去，用一个最低价格把土地买回来，然后牺牲老百姓的利益，图利地产开发商，让他们赚取暴利，官员自己也可以享受到被行贿的好处。你说我们选哪一个呢？斩断第一根导管不是寻求一个最好，而是寻求一个比较不差的结果。他既然拥有土地，你就尊重他的权利，至少可以维持一个和谐的局面，至少说你是富裕了一个村。如果强制拆迁，给个极低的补偿金的话，政府就只能富裕一个地产开发商。我看，与其富裕一个地产商，那就不如富裕一个村。但是我们不能只斩断第一根"导管"，富裕一个村。农民工怎么办呢？就不管他们了吗？他们是身无分文来到城市的，只能靠打工生活。他们没有城中村的宅基地，所以不可能透过斩断第一根导管而富裕，那怎么办呢？所以要像重庆那样切断第二根导管，提供给他们公租屋就很重要了。

延伸阅读

5小时熟知金融常识

人类对不确定事物的厌恶

即使考虑到投中难度大的因素，3分投篮的得分数仍然较高。对于这其中的原因，让我们结合对实际比赛的想象来加以思考。

和路所在的篮球队以5分之差落后于对方。只剩3分钟了。如果全力保证就此不让对方得分，看样子要扳回6分才可以取胜。

将刚才的数字四舍五入，3分投篮的命中率为40%，2分投篮的命中率为50%。3分球不仅难以投中，而且受状态影响，投中与否呈现波动，而2分投篮的命中率则较为稳定。要想扳回6分，有两种战术备选：

【稳扎稳打战术】2分投篮+3次投篮计划

【拼一把战术】3分投篮+2次投篮计划本文摘自[日]慎泰俊的《5小时熟知金融常识》

第三部分
为什么我们的企业过得这么难

第十一章
为什么中国的企业活不下去：富士康悲剧

"13连跳"，谁让富士康陷入困境？

苹果才是造成80后、90后年轻人自杀的真正黑手，富士康只是它的工具。

"富士康悲剧"，凸显中国代工企业命运。

为什么富士康每天工作12小时而不是8小时，各位知道原因吗？

新生产方式，呼唤人性归来。

佳能集团在中国大连的工厂因为采用了细胞式生产方式，一年内的劳动生产率提高了370%。

一、"富士康悲剧"的幕后凶手

最近富士康的事件充斥各个媒体,首先我们对这13位自杀的员工,表示我们深切的遗憾。但是我在这里不想谈富士康,你知道为什么吗?因为全中国的讨论都是错的。我再讲一句话,你在媒体里面所看到的所有关于责备富士康的事情,通通都是表面现象。你晓得我们中国人有什么策,而我们的媒体、我们的专家学者也总是根据表面现象下结论。其实这根本不是一个简单的富士康的危机,我们要抓住它背后的黑手,因为它才是这一切的根源,而它竟然逍遥法外,没有受到舆论的讨伐。我想今天把它给抓回来,你知道它是谁吗?苹果电脑!

请问,为什么有13个人自杀?

背景提示

2010年是台湾首富、鸿海集团董事长郭台铭的甲子之寿。然而,从进入2010年开始,其旗下企业富士康的负面新闻就一直不断。不到半年时间,这家号称"全球最大代工工厂"的企业连续发生13起自杀事件,震惊全球。有分析指出,来自工作、家庭、社会、健康、情感的种种压力,是导致富士康员工走上绝路的原因。但与此同时,更多的批评指向了富士康的企业模式,包括"血汗工厂"的说法,引发了广泛的社会探讨。那么,连续13起自杀事件到底因为什么?美国苹果公司与富士康事件又有着怎样的关联呢?

我们把媒体所有的分析做了一个简单的摘要,军事化管理是一切错误的根源。是这样吗？那么部队里面是不是应该有更多人自杀？可是我还记得我们很多企业家也是从部队出来的，包括柳传志、张瑞敏、王石、宁高宁、任正飞，还有郭台铭本人在台湾也当过兵。富士康这些80后、90后的员工讲他们在富士康所受的苦，在我听来，算什么苦嘛。你去当兵试试，当兵才真的是苦得不得了。以我个人为例，我当兵的时候每天晚上11点睡觉，第二天早上5点半起床，起床就开始操练，操练一天，打骂经常发生的，有什么了不起？而且那时候我还一身的皮肤病，因为我们所有官兵的内衣内裤都放在一起洗的，所以只要一个人有传染病的话，我们全部都会被传染，这个皮肤病简直流行得不得了。我记得我在当兵的时候得过各种各样的皮肤病，比如痤疮、疥疮、湿疹、疖子等等，每天痒得要死，每天边出操边抓痒，痛苦不堪。不过，请读者不要用异样的眼光看我，我现在都治好了。此外，我当兵的时候每天都要出操跑步，而且我们还在前线作战，有生命危险的。两年当兵的日子过去了，我从来没有怨恨过那段日子，反而对我来说是一个很好的回忆。

我们不是说这些80后、90后员工对富士康的抱怨不对，而是这个抱怨本身已经象征着那种为中国改革开放而奉献的第一代任劳任怨的农民工已成明日黄花。我建议各位到建筑工地看一看，你会发现几乎没有80后和90后的人，通常都是像我这样年纪的人，大概都是50年代到70年代出生的人，为什么？因为第一代农民工的子女——农二代，已经不去建筑工地打工了，因为工作环境太差了。农二代和他们的父辈是不一样的。他们的父辈打工，为什么能够为了每个月1 000块钱而忍受那么多的痛苦，承受那些比富士康还差很多的血汗工厂的磨难呢？因为他们有信仰，这个信仰不是对神的信仰，而是对家庭的信仰。他们打工是为了家乡的妻儿老小不会挨饿，为了他们80后、90后的子女能够念书，顺利成长。农一代是我最敬佩的一批人，他们任劳任怨地干，没日没夜地干，你叫他们加班他们很高兴,叫他们一天干8个小时他们不爽,他们觉得最好一天干12个小时,为什么?因为这样他们就可以多赚4个小时的钱来养家,养他们80后、90后的子女。农一代成为中国30年来经济发展最重要的推手。

可是农二代就不一样了,同样孕育出农一代的工作环境。到了农二代却是以自杀回应。我虽然对自杀本身感到痛心,可是我更想知道,当农二代自杀那一刹那,他们有没有想到可怜的农一代老母亲怎么活?当初你们的老父亲为了培养你们农二代,受了这么多年的苦,把你们抚养长大之后,稍有不顺心你们就跳楼了事,这会给父母造成多大的冲击,你们知不知道?农二代最起码的孝心哪去了?而且农二代还不像当兵的人。当兵的人时间不到不可以退伍。你们是在富士康,不想干的话你们可以不干,可以回家。我不懂,你们为什么把苦难留给可怜的农一代?我看到这13个自杀的农二代,我确实感到痛心,但不是为他们,而是为他们的父母。农一代为了抚养农二代浪费了一生的心血,结果农二代对父母的回报就是严厉的打击、无情的摧残。既然80后和90后不能够接受富士康,我们就谈谈这个管理体制到底合不合

我先把几个评论念给读者听。一是《民报》报道,富士康部管理军事化,上千人在饭堂吃饭时竟然鸦雀无声,显见公司管理之严格。

二是2010年5月25日凤凰卫视评论员在大陆新闻中表示:富士康实行军事化管理,员工压力大。

三是21世纪经济报道,曾经对清华大学社会系罗家德教授进行采访,罗教授认为,这些自杀的最根本原因在于富士康的管理模式过于陈旧,已经不合适80后、90后。这话讲得有一定的道理,因为这套军事化管理确实只适用于具有信仰的农一代,而我们的80后、90后是不能忍受的。

四是某大报报道,富士康管理机制半军事化、管理层壁垒化,加上把人当成机器的刚性手段,对员工造成沉重的心理压力乃至伤害,客观上也是导致员工由于个人问题而选择自杀的一大诱因。读者从这些媒体的报道可以发现,过去这种孕育出农一代的半军事管理的制度,似乎透过富士康13个人的自杀而走入到一个新的瓶颈。这种半军事化管理孕育了30年改革开放成果的管理,是不是需要为迎合80后、90后这些新生代的心态而做一个根本的改变呢?

背景提示

作为全球最大的代工企业,富士康自1988年在深圳建厂以来快速发展,2008年其出口总额达556亿美元,占中国内地出口总额的3.9%,并连续7年雄踞内地出口200强榜首。半军事化管理被认为是富士康竞争力的来源,有人甚至表示,"在郭台铭的血液里,有军事管理的基因"。那么,富士康发生的体制问题真是出自军事化管理吗?在军事化管理背后还埋藏着怎样的推动因素呢?

在谈论如何改变之前,我想透过这种现象揪出它的本质,看看这种半军事化管理到底是谁造成的?是富士康,还是其背后的黑手?请读者首先想想,富士康为什么会进行军事化管理?是因为它背后的黑手这么要求的,这个黑手就是苹果。我来说说苹果,苹果在任何时候都标榜自己是一家富有社会责任感的公司,而且苹果还在制度中规定,富士康必须关注员工的人身权利,确保他们可以有足够好的工作环境,得到合理的报酬。现实是什么?按照我们的分析发现,'苹果在尽一切可能挤压富士康的利润。为了压缩成本,赚取更多的利润,富士康只能靠加大员工的劳动强度以提高工作效率,所以必须进行半军事化管理才能满足苹果的要求,所以说苹果就是美国人虚伪的化身,苹果才是造成80后、90后年轻人自杀的真正背后黑手,富士康只是它的工具而已。当然我并不是说富士康没有责任,但是对富士康来说,如果不按照客户要求做的话,他就拿不到订单,就这么简单!

那我们来进一步谈谈,到底多大程度上是富士康的责任,多大程度上是苹果的责任?我们就以iPod为例吧。iPod在2006年上半年的销售量是850万台,同比增长61%,收入超过了100亿美金。苹果赚了这么多钱,那富士康能赚多少呢?我告诉你,4美金,就是说每一个iPod富士康只能拿到4美金,占利润的1%还不到,因为这里面还没有剔除电费、设备费用、材料费用等等这些生产成本,其他99%的钱都是被苹果赚走的。咱们再说说人工成本,这也是苹果规定好的,富士康无权决定,苹果是怎么规定人工成本的?它们是根据工厂所在地例如深圳市的最低工资乘以每件产品的最高工时得出来的。还有零配件的成本,苹果都是直接向富士康以外的各个零配件供货商下单的,而被采购的零配件会按照苹果规定的时间准时送到富士康进行组装,所以零配件的成本富士康也是决定不了的。

二、到底是谁剥夺了我们的尊严

背景提示

按照郭台铭的说法,目前鸿海集团在全球拥有90万名员工,大陆富士康员工约82万人,其中深圳有45万人。郭台铭旗下企业几乎网罗了全部高科技制品,像苹果的iPod、iPhone,SONY的PS3,英特尔的晶片等。然而,据有关业内人士分析,自2000年至今,以"低价"优势崛起的富士康,已经通过竞争把整个行业利润率由20%拉低至现在的5%~6%。今天,富士康的利润模式又面临着哪些挑战呢?

80后、90后经常抱怨在富士康工作没有尊严,他们抱怨的没有错,但是我想请问究竟是谁剥夺了他们的尊严?是富士康,还是其背后的黑手?还是举个例子吧,读者来判断一下。为了保证样机不被偷窃,富士康的员工身上不准携带任何含铁的物品,搜到的手机没收,牛仔裤的铁扣必须剪掉,内衣包括胸罩等有铁扣的全部剪掉,为什么?因为怕员工夹带偷窃样机。但是请读者想一想,这到底是富士康的规定还是苹果的规定?表面上看起来是富士康的规定没有错,但它为什么这么规定?这是因为其背后黑手苹果规定如果样机丢失的话,将给予富士康严重惩罚,这样的话就逼得富士康不得不定下这种规矩。最后搞得像间谍小说一样,员工每天都得被搜身,让我们这些80后、90后连一种最起码的尊严都没有。不仅如此,富士康还可以调查任何被怀疑泄密的员工,背后原因也是因为苹果会调查泄密事件,一旦发现就会给予富士康惩罚,所以逼得富士康不得不进行调查。所以富士康明确指出,若发生泄密事件,将毫不犹豫起诉相关人士,为什么?因为这是苹果的决定。

背景提示

正在遭遇危机考验的富士康在2010年6月1日将深圳厂区普工的基本月工资从900元提升到了1 200元,6月6日再次发布消息,称从10月1日起,将把通过三个月考核员工的月最低工资调高到2 000元。那么,富士康工人的工资水平与工作状况又是怎样被决定的呢?

还有,在2009年的8月份,郭台铭钦点的接班人之一蒋浩良突然脱离其在台湾的企业鸿海(在大陆叫富士康)一线核心业务,转为总裁特别助理。蒋浩良在加盟鸿海之前曾经在苹果任职了16年。被郭台铭挖到鸿海之后,借用他当年在苹果的老关系,成了苹果订单的负责人。这回赶他下台的不是别人,正是他的老东家。各位读者知道为什么吗?就是因为在一个iPhone小零件的成本控制上,蒋浩良没有听从苹果的调遣,苹果生气了,所以直接打电话找到郭台铭,叫他把总经理撤掉,⋯否则不再给富士康下订单。我举这个例子的目的是说,就连一个小小的iPhone的零配件,苹果都是仔细管理,一切必须听从苹果的调度,碰到不听话的都要被撤职。想想看,就连蒋浩良都能被撤职,何况我们80后、90后可怜的员工呢,他们在苹果眼中能算什么?只不过是机器上的螺丝钉而已,员工的尊严在苹果眼中就是个屁,它们想怎么调查你就怎么调查你。

再请问各位读者,为什么富士康员工的工作时间是12个小时而不是8个小时?原因还是在于苹果。为了商业保密,苹果有一套非常机密的策划流程。第一,生产线工人要到生产的最后一刻才知道在生产什么,苹果完全保密。第二,像富士康或者是很多零配件生产商,在苹果的要求下必须事先提供几个样机或零配件的样本,但是苹果过了很久之后才会做决定,虽然苹果事先完全知道需要哪一个样机,这只是一个障眼法。由于富士康和零配件厂不知道苹果最终要用哪一个,因此无法泄密。苹果在距出货时间只有一个礼拜了才告诉这些厂商,让他们没有时间去倒买倒卖给竞争对手。第三,苹果的保密文化到了什么地步? 它的产品每次都使用特殊的型号跟尺寸,工厂目前所有的生产平台都是用不上的。必须在最后一个礼拜更改平台的整个流程,才能够符合它的型号跟尺寸。苹果怕如果工厂事先知道的话,会大批量地倒卖给它的竞争对手。

对富士康而言,生产时限只剩下一周了,因此必须加班加点,24小时连续开工。这时候富士康又有两个选择,要么8小时一天三班,要么12小时一天两班。目前富士康就是12小时一天两班,它们聘用了40万人。但是如果改成8小时一天三班的话,就必须聘用60万人。可是iPod的销售旺季是4月复活节跟12月圣诞节,其他时间基本上都是淡季,销售就没那么火爆,订单会减少,因此对于富士康而言,什么才是最好的选择? 就是工人数越少越好。40万人成本总比60万人要低吧,所以逼的富士康以及中国OEM(代工)企业不得不采用12小时两班制。问题是富士康怎么会走到这一步的? 因为是苹果逼的。而且,工人这么辛苦地加班,也只能赚取当地的最低工资。

此外,由于只剩下一周就要交货了,所以流水线流动得很快,否则来不及装配,搞得每个工人必须全神贯注地做同一个动作,比如插针,这就是为什么富士康的员工说工作枯燥单调的真正原因了。这个流水线模式是来源于1910年美国的福特汽车,当时它的理念就是一辆汽车的组装走过流水线,每个工人只做一件工作,我插个螺丝钉,你安装个方向盘。一部汽车从流水线第一步走到最后一步,每个人做一样的工作,效率非常高,成本又非常低。可是就是因为这个缘故,人就被异化了,像马克思所说的。在这种生产流程中，人只是整个机器里面的一个小螺丝钉，这个有血有肉的小螺丝钉每天就只干一件事，而为了保证这个事不出错，就必须推动军事化管理。如果员工按部就班搞好劳工保护的工作再去干活的话，可能根本就赶不上生产线的速度，因为流水线流动太快了，他必须赶时间，所以很多员工只能违反操作流程，经常有员工在电镀车间里来不及戴手套，就直接碰触那种带有高浓度化学药剂的设备跟零件，这就给员工的健康带来了不可估量的损伤。有个员工说他多么希望他的针能够掉在地上，这样他就能够弯下腰去捡，这个小小的偷懒竟然是他最大的享受。事实是这一个工人因为捡个针而弯下腰所耽误的那点时间，就会让富士康马上受损失，因为它的利润都是苹果规定好的，不能容忍员工犯错误，只要员工一犯错误，富士康的微薄利润就可能受到特别大的损失。因此必须用最严格的军事化管理，保证每一个人每天高速度地做同样的枯燥单调工作，而且你不能犯错，因为你一犯错富士康就得赔钱。这是谁的问题？当然还是苹果。

我们媒体今天骂富士康，明天是不是要骂另外一家公司？骂来骂去都没什么意义，你难道没有发现中国的 OEM 都是富士康的水平吗？而且我告诉你，绝大部分的工厂还不如富士康呢。中国每一家的 OEM 几乎都是在像苹果这种大厂的环节控制之下挣扎求生的。而更可悲的是什么？骂到最后我们发现，真正的黑手竟然还逍遥法外。只要苹果这些企业存在，中国 OEM 企业就一定是这种惨状，80 后、90 后自杀状况也不会得到任何改善。如果你再逼迫富士康，它要是关门的话，你将有 40 万人失业。而这 40 万人转到别的工厂结果是一样的，说不定更糟糕。

那我们是不是应该有一个更好的议价条件？将苹果的利润分一点给我们的劳工，当然这是痴人说梦。读者知道苹果赚多少钱吗？按照财务报表研究结果显示，苹果的毛利率是'70%，净利率40%，而富士康呢？

中国的 OEM 呢？只有 2% 左右。所有自杀的代价，我们自己扛，自杀的痛苦农一代扛，我们社会扛。但是军事化管理，压榨我们的 80 后、90 后得到的所有利润不是富士康拿了？不是。那是谁？苹果。而现在富士康成为被攻击的对象，成了替罪羊了，成了受害者了，记住，它是被苹果害的。其实中国的 OEM 都是一个个的富士康，所有富士康的员工对于富士康而言都只是螺丝钉，一个没有自我、只按照富士康要求每天做一样工作的小螺丝钉、小可怜虫。但是富士康对于苹果而言也没有自我。它也只是一个小螺丝钉，它也是按照苹果的要求，每天做一样工作的小螺丝钉。只是富士康这个小螺丝钉之下有着更多的小小螺丝钉，而这个小小螺丝钉没有办法适应这个系统，最后自杀了，于是我们的媒体就把所有过错都归于富士康这个小螺丝钉身上，而真正的幕后黑手苹果反而逍遥在舆论之外。

三、什么是拯救富士康的希望

背景提示

2010年5月底,苹果公司派出独立调查组赴富士康调查员工自杀事件,此后,苹果公司表示,将向富士康让利1%至2%。6月初,有消息称,苹果已经与富士康达成共识,将给富士康代工的苹果产品提供2%的补贴,即在原定代工费基础上再增加2%,以缓解富士康加薪所带来的成本压力。在很多人为工人工资水平提高感到欣喜的同时,有报道指出,以富士康为代表的代工企业正在由沿海向成本更低的中西部迁移,而苹果的补贴也不足以从根本上解决富士康模式的问题。那么,有没有一种超越流水化生产,避免"富士康悲剧"发生的更好的生产方式呢?

最后我想给读者提一个新的生产流程——细胞式生产流程。这个案例在我所写的《思维》那本书中详细介绍过。这个流程是由日本的佳能创造的,其实过去佳能也采用了福特的流水线作业方式,一个照相机透过流水线进行组装,A安装一个螺丝,B安装一个盖子,C安装一个镜片。ABC这三个工人这一辈子都做同样的枯燥工作,所以日本的自杀率是很高的,因为太有挫折感,薪水又不高,工作又枯燥。最后佳能决定放弃流水线,改成圆桌的流程,这就叫做细胞式生产流程。10个人围一桌,同样的照相机就由这10个人做,而不经过流水线了。他们不是你插一个螺丝,我插一个镜片,而是这10个人边做边聊,聊聊儿女,话话家常,所以工人就不会被异化了,人性化的沟通又开始了。我插个螺丝,然后你放个镜片。你去吃饭了,上厕所了,我帮你装镜片。也就是每一个人每样工作都会。他不是一辈子就只装镜片,而是整个照相机里面所有零配件他都会装。也就是说,佳能把流水线的机械化的生产方式换成一个人性化的生产方式,而且这10个人什么工作都会做。你以为很费时间吗?你以为效率低吗?那你就大错特错了。正是因为边聊天边工作的人性化,效率反而提高了。如果是流水线的话,一个人跑去上厕所还得了啊?所有的流水线都会因为一个人而停住了。

读者应该理解整条流水线的员工是不能请假的,所以在富士康请假是非常麻烦的,因为你请假的话,你那个针谁插?你那个针不插上去的话,后面的工作都没法做了。所以一个人请假,组长就要找别人替你,但是别人只会做他们的工作,没人会做你的工作,所以不能让你请假。富士康员工抱怨请假主管总是不批,因为你请假的话,整个流水线就立刻停掉了。可是细胞式呢?你请假,没关系,我帮你做就是了,明天你再帮我做,因为我什么都会。

如果公司只有一条流水线的话,每一个人就必须连续工作,因为流水线是不能断的。你不能说流水线转一半吧,那不可以的。可是细胞式就不一样。如果圣诞节过后销量下跌怎么办?工厂原先有100个细胞,现在只用50个细胞做就好了,另外50个细胞的员工干脆放假算了。相比而言,流水线必须走完整个流程才能做出整个产品,所以不然就是零,不然就是100%,不能只做一半。可是一旦换成细胞式的话,就很有弹性,万一到了复活节,到了圣诞节,100个细胞就一起工作。所以对于富士康而言,可以考虑生产方式再创新,不要老是拘泥于过去流水线军事管理模式。你看,细胞多么具有人性化?虽然不是一个军事化管理,但是加入更多人性因素之后,和流水线相比,效率是不是就能提高一些了呢?看看佳能,1997年,佳能废除了16 000米长的流水线,采用细胞式生产方式。

1998年,也就是第二年之后开始取得成效,劳动生产率平均提高了50%。不可想象吧？其中佳能集团在中国大连的工厂因为采用了细胞式生产方式之后,一年内的劳动生产率提高了370%。公司的利润率由1999年的2%,提高到了2004年的10%,升幅达到5倍之多。而且佳能每位员工的贡献利润在1999年到2000年单年内升幅高达80%,2004年的百分比更是1999年的4倍。

延伸阅读

佳能细胞式生产方式

细胞式生产方式和传送带生产方式随时代的发展而循环往复。

进入上个世纪 90 年代，日本的制造业迎来了和上个世纪 70 年代相似的经营环境。泡沫经济破灭之后，品种少、产量大的生产已经不再适应低迷的需求。再加上日本厂家已经意识到了和海外进行成本大战的危机，无传送带的生产方式重新回到了人们的视线之中。

在这 20 年间，传送带又沉积了不少的"灰尘"，从而产生了彻底废除传送带、重新给制造生产线瘦身的必要。

"传送带式生产线——细胞式生产线——送带式生产线——细胞式生产线"这个循环往复的变迁，对于工厂来说也是必然的。不仅仅是传送带生产方式，任何一种生产方式在走过 20 年道路之后，都必然沉积许多的痼疾。

有一个不容忽视的问题是：引入某种生产方式超过 20 年，生产线上的工人就会成为生产线所塑造的奴隶。工人们只知道这一种生产方式，很难深入思考去挖掘根本性的问题。这已经成为车间的一种风气。公司在引入生产方式时，当然会冷静地判断其优、缺点。可是如果从一进公司就以某种生产方式进行劳动的话，就无从得知引入它时的背景和经历了。

在上个世纪 90 年代中期，生产线的工人们全是以"传送带方式"培养出来的。由于本身并没有参与建立传送带方式的经历,所以他们并不懂得其中的原理和原则。因此就会产生"制造生产线本来就是传送带的天下"的臆想,就算是环境发生了变化,也很难去冷静地思考生产效率问题。

此外,一直使用20年之后,生产线的无用功部分就一定会越积越多。这就像灰尘沉积一样,对任何一种生产方式来说,都是再自然不过的事了。尤其是传送带方式,它的重型设备很多,成本也非常高,所以无法频繁地进行大规模的变革。这也是固有观念根深蒂固的原因之一。

本文摘自[日]酒卷久的《佳能细胞式生产方式》

第十二章
为什么中国的企业走不出去：吉利收购沃尔沃

2010年3月28日,中国吉利汽车集团与美国福特汽车公司在瑞典哥德堡正式签约收购沃尔沃100%的股权,这是中国车企首次全面收购国外豪华品牌。尽管李书福一再强调"吉利是吉利,沃尔沃是沃尔沃,吉利会有两套经营管理班子,服务于不同的消费群体"。但媒体对于两种文化能否和谐交融,尤其是对吉利如何妥善处理工会关系感到疑虑,中国企业的海外并购之路并不平坦。从首钢接手秘鲁铁矿的噩梦连连,到上汽并购韩国双龙的落荒而逃,劳资纠纷一直是中企"出海"的困局所在。目前沃尔沃的工会已经同意吉利收购,但要想驯服这匹斯堪的纳维亚的野马,吉利要做好经历一番颠簸的准备。

一、沃尔沃："美妇"还是"弃妇"？

腾中收购悍马,现在看来也只是一场闹剧,而吉利收购沃尔沃,看来是要玩真的了。我看吉利收购沃尔沃跟腾中收购悍马的不同就在于一个是完全不靠谱,一个是不太靠谱。大家都知道,沃尔沃汽车号称是目前世界上最安全的汽车,原来是瑞典的著名汽车品牌,而沃尔沃汽车公司也曾经是北欧最大的汽车企业。在 1999 年 4 月 1 日,它被福特汽车公司出资 64.5 亿美元正式收购。仅仅过了 11 年的时间,沃尔沃就被抛弃了。而现在,中国吉利却又要以 18 亿美元的价格购买沃尔沃百分之百的股权。只有 13 年造车史的吉利,要迎娶已有 80 年造车史的沃尔沃,用李书福自己的话说,农村青年李书福竟然迎娶了斯堪的纳维亚的美妇人!我看我们得首先搞清楚,这个农村青年迎娶的究竟是"美妇"还是"弃妇",美是美,弃是弃,意思差得远了。

沃尔沃是福特汽车在 1999 年买入的,整整 10 年都没有什么起色,这背后不仅仅是福特的失败,更是以收购打开豪华轿车市场这种战略的彻底失败。实际上,福特当初为了这个梦想,专门成立了独立的豪华汽车集团,当年在这个战略下福特不仅收购了沃尔沃,而且还收购了非常知名的阿斯顿马丁、捷豹、水星、路虎这些顶级的欧洲豪华车品牌。可是很快顾客就发现,除了商标是沃尔沃的之外,很多东西都变成福特品质了。为什么呢?因为福特收购之后的整合太成功了。举例来说,目前沃尔沃主要有三大车型平台,其中,生产紧凑型轿车的 P1 平台,主要生产 $40、V50、C70、(BO 等车型;生产大中型汽车的 P2 平台,主要生产 $60、XC90 系列车型;P24 平台主要生产 XC60、V70、$80 系列车型。所谓汽车共用平台战略,是指汽车在开发、生产过程中,针对几个车型共用一个平台生产。生产出来的车型在外形、功能上可能有较大差异,但却有着相同的底盘技术和车身结构。比如说,目前,福特旗下三大品牌福特福克斯、马自达3和沃尔沃S40在国内采用的就是共同的P1平台。所以,我们要是细心观察沃尔沃就知道了,沃尔沃在生产平台和关键零配件上是根本离不开福特的。因此我在想吉利究竟获得了什么?说到底,吉利只不过是借着沃尔沃,获得了与福特合作的生产平台。你想借此获得进入豪华汽车阵营?不可能的,客户很快就明白了沃尔沃不再是沃尔沃,它已经成了福特的汽车。福特的汽车在欧洲人看来就跟美国人看中国产品差不多,甚至还不如中国产品,中国产品还廉价呢,美国汽车却很费油,而且也没什么历史,没什么品位。所以到最后你发现豪华车是卖什么?豪华车不是简单地卖品质。你说捷豹的品质好吗?捷豹的品质不是太好,就是卖的这种感觉。到最后豪华车感觉卖不动之后,福特整个豪华车事业部轰然垮台。

其实,沃尔沃就是一个全世界的弃妇。不只如此,阿斯顿马丁2007年也卖掉了,捷豹和路虎在2008年也卖了,然后福特总部认为这个事业部实在太糟糕,就把水星和林肯收回去直接管理了,最后就剩一个沃尔沃,结果现在卖给了农村青年李书福。其实,沃尔沃就是一个全世界的弃妇,福特终于甩掉了这个包袱,整个事业部都不要了。而在这个豪华汽车事业部仅有的11年历史里,换了4个老板,这个战略在5个欧洲顶级豪华汽车品牌上都不成功,我们凭什么相信吉利就能轻易成功?

这次李书福用18亿美元收购沃尔沃,一半是自有资金,另一半是筹来的。用这么高的资金来收购这么一个所谓的"弃妇",而且这个弃妇长得还比较高、你还比她矮半个头,把她迎娶进家门,你说你生产出来的车子要不要卖到欧洲和美国去呢?过去是沃尔沃的车身、福特的灵魂,已经玩不转了,那今天换了吉利的灵魂之后,你发现还是摆脱不了福特当初嵌进去的灵魂。因为你所有制造的平台跟零配件都是福特的。最终变成什么？就是一个沃尔沃的外形、福特的灵魂，然后里面又扯进个吉利的小灵魂。那么你觉得对于欧洲人、美国人来讲，他们想要买高级车的话，他们会买沃尔沃，还是奔驰？所以在欧洲和美国的市场，销路肯定让人担忧的。在中国市场，我们打打爱国情结的话，销路可能还可以，但也只是可能而已。前几日，一个去年买沃尔沃的朋友抱怨，说好容易攒了一笔钱，买了沃尔沃，现在成国产的了，而且还是吉利的，他非常痛苦。读者不要认为这只是发发牢骚而已，这个所谓的痛苦的背后隐藏的是什么？是一种品牌忠诚度的丧失，一种信任的危机。

拥有悠久历史的豪华汽车品牌沃尔沃为什么要"下嫁"给一个只有13年造车史的中低档品牌的吉利？吉利的100%股权收购要的是一个品牌、一个汽车的流水线，还是一个新闻炒作？李书福说，吉利收购沃尔沃，不是说吉利要去管沃尔沃，吉利与沃尔沃是兄弟关系，不是父子关系。吉利是吉利，沃尔沃是沃尔沃，我们用两套管理班子来应对不同的服务人群。我们中国的企业家最喜欢讲这个话了，那我问你，柳传志当时收购IBM，是不是讲一样的话呢？不是我们去管，是兄弟关系，我们是兄弟。结果呢？所以，这个我们都听烦了，你兄弟也好，姊妹也好，到最后，劳工抗议罢工你怎么办？你不是还得出来处理问题。

这里面的一个关键问题就浮出水面了。你看媒体的报道，沃尔沃工会开始是非常反对的，但是后来却同意签署这个协议了。你看看他们的工会主席怎么说的，他说："我们对这项决定并不是感到很兴奋，但是我们认为这项收购会走上正轨，而且，关键的问题我们得到了答复。"读者注意到没有，这个关键问题指的是什么？是因为它没人要，现在好不容易卖出去了，心里激动得不得了。你再反对的话，就没人要你了，那么就得全部失业。而且瑞典和比利时的那些机构和工厂都保留了原来的人员，同时给了沃尔沃一个新的发展规划。这不是跟 IBM 被联想收购的情况一样吗？

沃尔沃那套班子本来就是因为做得不好，才走到今天这个地步的。如果吉利管吉利的，沃尔沃管沃尔沃的。那不同样是一个不称职的班子在管沃尔沃吗？会有什么好的结果吗？该不会又重蹈 IBM 的覆辙吧。

二、汽车跨国并购：解不开的魔咒

说实话，福特的能力已经算不错了，要知道福特可是美国三大汽车集团里唯一一个在金融危机的时候拒绝政府救助的。通用汽车也有过类似的收购，为了进入豪华车市场的战略，它们在 1989 年收购了欧洲顶级品牌——萨博一半的股权，然后在福特成立豪华车事业部的同年，也就是 1999 年完成了全部收购。结果呢？还不是搞得乱七八糟，到最后都找不到买家了，没办法就只能把这个品牌废掉了。

这三巨头里的最后一个——克莱斯勒，也有过类似的纠葛，而且进行得更激烈，在 1998 年的 11 月份，就干脆和德国的戴姆勒—奔驰公司合并了。结果呢？9 年之后连共用开发平台、集体采购零部件都做不到。一般情况下，并购双方通常认为可以分享部件、结构设计、采购等等，但在实践中操作却很难。戴姆勒实际上不太愿意和克莱斯勒分享设计，因为他们害怕会对奔驰品牌造成影响。"文化不同、人们对产品设计生产的理念不同，中间会有很多的问题存在"，欧洲汽车分析师认为，文化、技术的差异阻碍了合并过程，"即使建立一个全球性的数据库，也很难完成。"1998 年合并之初，戴克公司的管理层曾经希望整合克莱斯勒在北美的销售网络和戴姆勒在欧洲的销售网络，让这两个市场能相互融合，因为它们也很看重双方在产品线上的互补性。它们做到了吗？事实证明还是没有嘛。2007年的时候，戴姆勒出售克莱斯勒。有着这么多的失败案例摆在面前，吉利难道能够成为全球唯一幸免的汽车企业吗？

三、西方工会：吉利心中永远的痛？

吉利因为生长在中国还算是比较幸运的，李书福本人从没受到过工会的折磨哦，你晓不晓得如果工会跟你干起来是什么结果？你不要跟我讲什么汽车品牌、什么灵魂，我们前面讲那些严重性全部都比不上工会的问题。如果沃尔沃的工人每年要求加薪、罢工、上街抗议，你怎么处理？尤其像瑞典那样的北欧的高福利国家。而且，我们中国企业家100%没有一个人有和工会斗争的经验。对我们中国的企业家来说，最难处理的应该就是国外的这种劳资关系和工会。

上面说的这些欧美汽车公司的收购合并最起码还有蜜月期，而我们的上海汽车对韩国双龙的整合基本上一天好日子都没过过，一直在闹分家。2005年上海汽车收购了韩国双龙，取得了绝对的控股权，以为能借此进军SUV市场。但是上汽根本就没有搞明白。韩国双龙的工会究竟有多厉害。连韩国政府都对付不了的，你以为你派去几个董事和经理就能搞定了？上汽这种自大和愚蠢也是少见的。可能他们到现在也没搞懂为什么韩国工人要罢工，难道真的只是因为他们口头上说的要加工资、加福利、不许裁人这些吗？你想想看，1700多个工人，罢工77天，还跟政府发生激烈冲突，为的就是这么简单的三个条件？你看看2009年7月22日的那场暴动，罢工的那些工人对警察开战的场面，流了多少血？据统计说，当天就有23名警察、60多名工人受伤。后来，韩国政府、双龙资方及媒体都苦口婆心劝告双龙工会停止罢工，他们还举出一个例子，说2000年大宇汽车面临倒闭，后来被美国通用收购组建，虽然通用辞退了1700多名员工，但是5年后，通用大宇重振了，那些被辞退的员工绝大多数又重回到了工作岗位。你要是以为这样就能劝住工会，那你就太天真了。你要知道，工会在国外本身就是个非常大的利益集团，因为他们是非常大的票仓，而且没有任何一个政治人物不想借着工会罢工风潮捞点政治资本的。你仔细研究下当时的罢工就明白了，不仅仅双龙的工人在闹事，它周围的起亚汽车，还有其他工厂的工人都跑来支援，大概有七八百人。他们要的就是出现头破血流的效果，目的呢？他们的真正目的是要表示对李明博政府的不满，因为李明博之前是现代汽车的老板，以强硬手腕对待工会著称。他们就是要流血，要制造政府是偏袒外国资本家的印象，从而让公众觉得需要左派进入国会来制约右派政府，这样好让工会的人马顺利进入国会。看到了吗？这才是工会，和我们的工会完全是两码事。我们根本就没有搞清楚它与政治之间错综复杂的关系，我们的企业家以前也没有碰到过这种事情，根本就不知道该如何处理，而这恰恰也是中国海外并购中最不确定的风险。

　　还有一个可笑的案例可以给读者作个参考。1992年11月5日，首钢集团以1.18亿美元购买了濒临倒闭的秘鲁国有铁矿公司98.4%的股权。对于首钢来说，噩梦就开始了，刚完成收购，各种名目的罢工示威就接连上演，用首钢某位领导的话说，"每次费尽心力解决完问题后，又面临下一波威胁。而每次罢工的目的几乎都是涨工资、加福利。"在2009年7月份的那次罢工维持了10多天，在号称"秘鲁最有战斗力"的矿业工人工会的领导下，工人四处游行、喊口号、砸玻璃、烧汽车……搞得首钢最后不得不承诺再次加薪。后来这些工人又计划在2010年3月29日进行无期限罢工，原因是什么？他们说，"公司没有履行加薪承诺"。

秘鲁的工会势力有多强大,你知道吗?他们甚至养活了一个什么别动队,正事一点也不干,就专门搞罢工。他们这样三天两头地搞罢工,搞得首钢筋疲力尽,要知道,他们每罢工一天,就让首钢损失大概100万－200万美元,首钢的领导就说,"真是心灰意冷了,双方日子都不好过"。你同样不要以为他们就是为了增加薪酬和福利,实际上秘鲁的工人的薪水在当地是比较高的了,他们的高层人员每月总收入达5 000美元,企业中层的收入也在2 000美元左右。

他们的在职员工享受的福利是我们国内工人都不敢想的,即使是这样,他们还是动不动就搞罢工,真正的原因在哪里?其实,它跟韩国双龙工会搞的罢工一样,每次罢工都是"有预谋、有组织"的,"这其中起主导作用的是工会,他们工会为了自己的饭碗,为了捞取更大的政治资本,对组织工人罢工乐此不疲。"

从上面的这两个例子我们可以看出来,所有的这些困难,都是吉利没有经历过的。这样的话问题就来了,吉利收购沃尔沃,怎么应对沃尔沃的工会?你想想他们工会怎么对付你?工会对付你的那个手段是有组织的、有计谋的,而且,还有别动队在里面。人家的工会抗议是上百年的经验,李书福有什么经验嘛。其实李书福自己有一个关于工会的表态,他说,"我们要向沃尔沃的工会敞开心扉,我们要认真地去倾听他们在讲什么",西方经济的运营、西方企业的管理,有它自己的一套逻辑规律,我们不要把中国那套东西拿过去,那一定是行不通的。他说我们经过这两年多的谈判,我们的工会自己也做了很多工作,包括这次我们跟他谈,没谈之前他们好多都不了解,跟他们讲明了,他们就开始鼓掌了。他还说,我们不要把工会想象成一个特别差的组织。我告诉李书福同志啊,"那些工会确实不是特别差的组织,它们是魔鬼。"你知道工会现在这种善意的反应究竟是为什么吗?那是因为你还没收购。你基本在胡扯嘛,我们的工会是干嘛的？我们的工会是专门办办什么电影欣赏会啊，搞点什么团结活动的，跟他们的工会是完全两回事。你想倾听他们的声音吗？那我现在告诉你，只有一个声音"加薪"，你加不加？每年加薪、医保，这就跟秘鲁闹的是一样的。但人家还有政治目的，那更复杂，我就期待沃尔沃的工会不要有什么政治目的，如果有政治目的的话呢，那你就重蹈上汽收购双龙的覆辙了，如果它的工会的战斗力是像秘鲁的那么强呢，你怎么办呢？

四、又一幕悲剧在上演？

很多年前刚开始造汽车的时候，有很多人认为汽车就是两个沙发加四个轮子。对，当然那个时候是。可是现在这个汽车可不是一个简单装配、制造的问题，而是个系统工程，很复杂的，那个复杂的程度是远超出你的想象的。吉利收购沃尔沃，如果想要人家的制造经验、设计思想跟灵魂的话，我觉得这个也不靠谱。要知道，所有跨国车企并购的失败往往并不是因为什么零配件、结构等等这些不到位。比如，1997年戴姆勒出售克莱斯勒，菲亚特跟通用分手，现代汽车从现代集团脱离。雷诺跟NISSAN吹了、被NISSAN拖了后腿，宝马跟罗孚的合并等等都是失败案例。而且最主要的问题是直到目前还没有成功案例啊。而为什么会失败？原因究竟是什么？

这些汽车厂在收购的时候，它们整个收购的过程、收购的技术性细节，包括福特收购沃尔沃，我们都拿到了资料，非常详细。哪些应该做改进，怎么做改进？行销计划、管理计划，非常非常详细。可是你吉利有吗，你连准备工作都不如人家，如果到目前你还只是停留在喊话阶段的话，叫我们怎么不担心？其实我希望吉利能够成功，我也希望联想能够成功，但是希望有用吗？没有用的，重要的是你有没有这个实力去走向成功的路。

再一个，吉利说要改造沃尔沃。可是，你想想，吉利对沃尔沃的改造能超过福特吗？福特这么强的一个汽车帝国，你总不会认为吉利比福特强吧。连福特都没有把沃尔沃给盘活，销量现在每况愈下，吉利怎么能够盘活这么一个汽车豪门？吉利还说，今天吉利的制造能力已经比丰田公司1983年的制造能力还要好。不好意思，这个我还真没看出来，今天吉利缺的不是制造能力，也不是装配能力，缺什么你知道吗？和1983年的丰田相比，丰田整套的管理系统它是没有的。1983年，丰田已经席卷美国了。我在美国的时候就已经买丰田车了。人家这整个系统，不是我们任何车厂能赶上的。它整个系统之高效、精良，也不是沃尔沃能够赶上的。所以大家千万不要讲什么吉利超过1983年的丰田的话，那是不可能的。你只能说制造能力或装配能力可能怎么怎么，其实连这点我都表示怀疑。你说整个系统超过丰田那是绝对没有这种可能性的。甚至连波音都学习丰田的精益化管理技术。我不认为全世界有哪个车厂可以超过丰田。

再看一下汽车制造业的核心——发动机的技术问题。吉利说它们有超强的研发团队，有雄厚的资金支持。其实，我们可以回顾一下中国制造发动机所走过的路。我给你举个例子，成都威特、一汽无锡、广西玉柴。在实验室里面做的发动机的参数都是达标的，可是只要量产，产品质量就失控。连这几个大厂都这种水平，你吉利既没有国有企业那么高的起点。也没有国有企业那么丰富的经验，我看就只有雄心了，你说你吉利的研发能做到什么地步？吉利总是说，它们有这样的雄心，能制造出怎样怎样的发动机。我想告诉吉利，我还想收购波音呢，我也很有雄心，可是光喊话有用吗？你得有成功理由。你这么有雄心，你有这样子的团队，到现在你还是在考察别人的零配件，人家福特早就做到这个阶段了。吉利到底有什么条件比福特强？很多时候你想要学习的东西,跟最终得到的东西是不一样的。比如说当时上汽收购韩国双龙的时候,它想得到的是 SUV 的技术。最后它也得到了,但它得到更多的罢工和暴乱,最后也只能落荒而逃。所以说,一个连福特这样的汽车制造巨头都玩不转的东西,你这个刚刚学会造车的吉利就能够玩得转？希望吉利不要老说大话、说空话,而是要用事实来讲话。到底和这么多失败的汽车厂相比,吉利的理念如何能超过这些车厂？你说你有信心成功,你拿什么来证明你能成功？

有人说,看看吉利在香港的上市公司的业绩。但是,我们不能只看到这些短期的表面数字,如果吉利成功地收购了沃尔沃,那股价就不止是成倍了,是成好几倍了。这不就像联想一样,当初联想收购 IBM 时,资产不也是突然扩大？于是又有人说了,这是李书福的一场豪赌。赌？如果真是要赌的话,那还不如去澳门赌场,反正结果是一样的嘛。

说了这么多,我得申明一下我的观点,今天聊吉利不是仅仅为了批评吉利,包括之前说联想也不是为了仅仅批评联想。我想说的。是在吉利和联想的背后,有着我们中国企业一个又一个的案例,进而形成了中国企业集体"出海"的现象。虽然过去遇到很多瓶颈,但问题在于这种"出海"的冲动和热情丝毫没有减弱过。从 2007 年就开始走出去.到现在。还是像疯了一样走出去。我这有一个数据,2010 年的第一季度,中国海外并购的总额是 116 亿美元,比 2009 年同期增长了 863％,简直创造了历史纪录。而且 2010 年到现在为止,中国一共进行了 5 笔金额超过 10 亿美元的并购交易,当然吉利算其中一笔。而 2009 年相同时间段里,没有发生过一笔如此规模的并购交易,中国企业家走出去的热情如此高涨。但如果说我们的企业家走出去,只仅仅停留在热情的阶段,那还不如不走出去。因为我们根本看不到任何详细的报告、详细的研究,如果连这样的分析水平你都达不到的话,你想想,走出去的结果会是什么？

延伸阅读

雷克萨斯奇迹

日本企业(绝大多数都是制造业)已经成功地将自身的事业扩展到了全球,为世界提供着各种质量优异的产品,丰田也自然是这些企业中的一员。然而,日本企业创造的产品虽然作为物品,或者机械装置可以说是无可挑剔,可是世界各地的人们却很难从这些产品中直接感受到日本的价值、文化和优美。但是那些高档品牌产品的用户,却往往能从他们购买的高档品牌产品身上,领略到产品生产国的文化与优美。丰田在生产大众型汽车的基础上,选择了要创造出浸透着日本文化精髓的豪华汽车的艰巨挑战。对于一贯以生产大众型汽车为主的丰田而言,要让世界各地的富裕阶层购买由日本生产的雷克萨斯品牌的豪华汽车,这是一项全新的事业。如何才能够将日本文化的精髓通过研发和市场营销,融入到雷克萨斯品牌之中,这才是"源自日本,走向世界"这个主题的第一要义。

"源自日本,走向世界"这个主题的另一个重要意义在于,从这个过程中,我们可以窥见到让雷克萨斯独特的研发和营销模式得以实现的丰田的组织和领导风格。丰田在作为一个非常具有日本特色的企业的同时,又属于是世界性的代表企业。在丰田的 DNA 中,应该蕴藏着能够在世界各地都得以通用的组织构建模式、运作方法,以及领导风格的发挥方式。本书的核心目的就是希望通过对于雷克萨斯的案例研究来解明丰田独特的组织能力。

本文摘自[日]高木晴夫的《雷克萨斯奇迹》

第四部分
为什么我们的环境这么糟

第十三章
为什么我们的垃圾危机这么严重

环境告急,无法回避的空前考验。北京五环外四百多座垃圾场,这些黄色的点都是垃圾场。神秘预言,为何瞄准2020? 如果没有特效的新政策的话,中国经济在那个时候将很可能会撞墙。追根溯源,错位经济究竟症结何在? 不是一个垃圾的问题,而是制造垃圾的根源,是经济发展模式出了重大缺失。

一、垃圾围城,什么才是我们最大的危机

最近很多的媒体报道指出,我们国家对于节能减排准备进一步加大力度。很多地产开发商说,他们要搞个什么绿色环保、节能减排社区。还有家具行业说,要搞个什么低碳家具。这些人简直瞎掰。其实,我们中国人现在哪有什么资格搞节能减排,那是欧美的事情。我不是说这个问题

不重要，而是我们中国人有更多更重要的事情要干，节能减排那是欧美玩的游戏。你知道我们中国现在真正急需解决的问题是什么吗？

你知道现在我们的居住环境有多可怕吗？北京的一个市民王久良经过一年的调查，把他所拍摄到的北京市垃圾场的照片都公布出来了，真是触目惊心啊。这些垃圾场基本上分布在五环和六环之间，密密麻麻的，中等规模以上的就有400多座。其实这些垃圾场还算是好的了。最起码是在规划之中，可以统一管理的。更可怕的是很多垃圾随意露天焚烧和堆放。就拿北京市通州区梨园地区来说吧，这里有一个露天的垃圾场，每天都有很多机动三轮车来倒垃圾，这个垃圾场基本上每隔两三天就会集中焚烧一次，焚烧的时候，方圆几公里都能看到浓烟，还有一股刺鼻的异常难闻的气味，尤其让人担心的是，这样的情况不是通州特有的，而是在全国都非常普遍的，全国将近1/3的垃圾都是以这种简单方式被处理掉了。你知道我们中国每年要产生多少垃圾吗？将近1.6亿吨！我这里有个数据，在我们城市里，人均垃圾年产量是440公斤，全国600座城市已堆放或填埋各类垃圾高达80亿吨，我们有2/3的城市已经被垃圾包围了，垃圾堆存累计侵占土地5亿平方米！

背景提示

在2009年12月哥本哈根世界气候大会之后，"低碳"一词迅速被国内公众接受，从家庭生活减少能量消耗，到办公、交通、出游等方方面面，"低碳"话题变得无处不在，"低碳生活"也已成为最时尚的生活态度。2010年1月17日，广州地铁2号线内，18位网友脱下裤子走进地铁车厢。这一幕是英美等国家"不穿裤子搭地铁"活动的延续。"不穿裤子"的本意，是为了宣扬减少现代工业产品的使用，从而减少二氧化碳排放，即倡导所谓的"低碳生活"。按照"低碳生活"理念，一条涤纶裤，在其使用寿命的两年中,要用50℃的水和洗衣机洗涤92次,加之烘干、熨烫,消耗的能量相当于排放47千克二氧化碳,这就是脱裤有理的原因。然而,广州地铁的"脱裤秀"从发生那一刻起就遭遇种种质疑,把欧美游戏拿过来就算是加入"低碳生活"了吗?我们今天所遇到的环境问题是仅用"低碳生活"就可以概括解决的吗?

大家知道5亿平方米是个什么概念?2008年我们全国商品房的销售面积正好也是5亿平方米。也就是说,我们现在全国垃圾侵占的土地面积跟我们2008年造的房子的面积是差不多的。你是不是现在还觉得无所谓?是不是觉得还是可以随便找个地方填埋垃圾?那我给你看一篇中新网在2009年12月30日发表的报道,北京市市政市容管理委员会的相关负责人说,目前北京90%的垃圾都是填埋处理的,每年约占用500亩土地,而且还在以8%的速度递增。如果我们不能及时建设新的设施,4年后,北京就将面临垃圾无法处理的严峻局面。

不仅是北京,我们许多大中型城市的垃圾填埋场均已填满或即将填满。上海和广州每天都要产生1.8万吨的垃圾,深圳每天已超过1.2万吨。即使每天只有4 500吨生活垃圾的南京市,现有的3个填埋场也即将饱和。也就是说,我们现在几乎所有的城市都面临着垃圾围城的危机。

你以为这样就算了吗?还有比垃圾围城更可怕的,就是垃圾污染12010年4月2日,垃圾污染岷江水源造成成都市区大面积停水,而这还只不过是一次临时停水。还有广东的贵屿,因为这里是世界最大的电子废物拆解处理集散地,所以它的空气、土壤和地下水都已经被严重污染,不仅空气污浊,地下水更是因为受重金属的污染,基本都不能饮用了。不仅如此,我们很多天然的河流都丧失了饮用功能,比如三峡,每年雨季的时候,每次暴雨之后河面都会挤满垃圾,有时甚至需要开闸放水,清走一部分垃圾,才能避免水轮机组损坏。还有千岛湖,曾经因为持续降水,而爆发垃圾围湖,当地政府动用了100多艘机帆船进行清理,经过两个多月的时间,才把垃圾清理干净。

这背后隐藏的是什么?是严重的电子垃圾问题。据北京市社科院梁昊光等专家调查测算,自2003年开始,北京就已经进入了电子、电器产品报废的高峰期。电子垃圾处理不当的危害极其严重,特别是电视、电脑、手机、音响等电子产品,这些电子产品含有大量的有毒有害物质,比如铅、镉、水银、铬、塑料、阻燃剂等。有资料显示,每一台电视机或电脑显示器的阴极射线管中平均含有4至8磅铅。这些铅一旦进入土壤,就会严重污染水源,不仅会危害植物和微生物,还将危害到人类,铅这种东西会对儿童的脑发育造成极大的影响。

而且,我们还不是像日本那些非常注重环保的国家,我们没有把垃圾进行分类的习惯,经常把电子垃圾混在生活垃圾里一起焚烧。结果就产生含有大量重金属颗粒的飞灰,然后风又把这些重金属颗粒带到几十公里,甚至几百公里以外的地方,造成更大面积的污染。尽管在中国有30多个城市设立了焚烧设施,可没有几个设有危险废物填埋场的,即使有的地方设立了危险废物填埋场,它们也从没有把焚烧产生的飞灰的容量设计在内,例如上海的危废填埋场,如果接受焚烧飞灰的话,基本3年内就可填满。还有更为严重的问题,有些应该烧掉的垃圾,经过一些简单的处理,却被"变废为宝",比如医疗垃圾,你知道它的危害有多大吗?据联合国统计,全世界每年大约有520万人死于因医疗垃圾造成的污染,其中400万人是儿童。这背后是什么?又是一条黑色产业链。这些大量的带有病菌的医疗垃圾,经过一些作坊的简单加工,就变成塑料制品的原材料,大量流向市场,然后被加工成我们日常使用的食品袋、塑料包装袋、塑料桶、餐具、暖壶外壳、水管,等等。

二、究竟是谁制造了这些垃圾

怎么会有这么多垃圾呢？很简单，各位看看我们自己的饮食起居。过去我们买酱油是自己准备玻璃瓶，买菜是自己准备布袋或者竹篮，所以产生的生活垃圾基本上都是可以降解的，只是简单地做些掩埋就可以了，如果下了大暴雨，被冲到河里，就当是给鱼增加饵料了，反正又不含什么有毒物质。但是现在呢，情况就没有那么乐观了。我们看看千岛湖和三峡垃圾围湖的照片就明白了，上面这些垃圾都是什么？基本都是塑料！这些垃圾因为含有大量的有害物质——氯，做焚烧处理的话就非常容易产生二恶英，这个玩意儿特可怕，这是特别严重的污染，而且我们对这个是毫无概念的，如果我们焚烧这些塑料垃圾的时候，你只要在附近走过，二恶英就可能感染你。感染了这个你知道有多严重吗？我念给你听：二恶英会造成体内的内分泌失常，使雌性动物不孕、流产，雄性动物的话会减少精子细胞的产生，使雄性动物雌性化。而且它是脂溶性的物质，非常容易在生物体内积累。一旦进入体内，估计这辈子都排不出去。所以现在每次政府动议要修建垃圾焚烧厂，大家就会一致反对，所以不能焚烧，那怎么处理这些垃圾？只能填埋，但是填埋的话，就会侵占更多的土地，造成更大范围的污染，为什么？还是因为我们的垃圾里混有塑料这些难以降解的材料。

所以，要想真正地解决这个问题，还是要彻底改变我们的生活方式，培养我们的环保意识，比如养成垃圾分类的习惯，而且尽量少用塑料这种东西。说起塑料这种化工材料，我觉得有必要说说它的来源。这一切的基础是一个德国化学家赫尔曼施陶丁格在 1920 年的长链理论，1930 年的时候,德国化工巨头巴斯夫发明了一种工艺,开始工业化地生产聚苯乙烯。随后在1937年,美国化工巨头陶氏化学掌握了这个技术,并进一步发展,制成了聚苯乙烯发泡塑料,也就是我们今天最头疼的白色垃圾。我们现在很多人都在使用的方便餐盒用的就是这种材料。所以搞来搞去都是因为德国,它们发明了这种材料,而现在这种材料又改变了我们的生活方式。那德国呢?它们的环境会不会比我们还糟糕?恰恰相反,德国的环保是世界一流的。为什么呢?因为最早开始思考工业化的代价和问题的就是它们!我们今天说不要以牺牲环境为代价发展经济,那完全是我们自己的想法,事实是我们在以牺牲环境为代价搞经济,而德国人却从来没有打算要牺牲环境,二战之后的德国开始重建,搞了差不多二三十年的现代化工业之后,忽然发现河水里鱼类大量死亡,而且身边垃圾好像越来越多,那时候的莱茵河比我们今天的三峡和千岛湖水质糟糕多了,期间又发生了几次污水泄漏事故,这就激起了他们又一次的民族自省。自省的结果就是他们决心转变生活方式,所以,德国的几个化工巨头就发明了离子交换树脂技术,这也是今天污水处理领域里最有名的技术。对于聚乙烯和聚氯乙烯这种塑料制品的原材料。他们自己都不怎么使用了,却大量出口卖给中国。还有这个塑料袋,现在不都提倡可降解塑料袋吗?这个也是巴斯夫发明的!尽管现在还只是推广试点阶段,但从这里可以看出,德国人通过这种反省,把它做成了一轮新的经济。

那我们怎样才能解决这个问题呢?首先,阻断产业链。想想日本是怎么对付地沟油的?通过回收,也就是政府以稍高于无良商贩愿意接受的价格购买了所有的废油,然后交给私营企业处理,最后这个炼出来的油被拿来给垃圾运输车做发动机燃料。其实这跟德国的思路是一脉相承的!在回收环节,德国60%以上的垃圾收集为私营公司,利用私营公司的逐利性,尽量在垃圾收集阶段就把可以回收利用的垃圾挑拣出来,把垃圾的总量降到最低。但是垃圾的处理却不让私营公司参与,以保证处理的公益性和无害性。这样的直接结果就是德国大量企业投身于垃圾回收行业。甚至导致垃圾处理能力"产能过剩"。现在德国每年可处理的生活垃圾近 1 800 万吨,而德国每年的生活垃圾总量却不过 1 400 万吨。垃圾的减少反而使众多的垃圾处理厂"吃不饱",甚至要通过进口垃圾来满足产能需要。比如,在 2009 年的时候,意大利的市政工人闹罢工,导致大量垃圾没人收,没人处理,全国出现了严重的"垃圾危机",德国就帮助意大利处理了 16 万吨的垃圾。

背景提示

自英国工业革命以来,环境问题就开始成为人类面临的最为重大的问题。欧美国家两百多年的工业化发展史,几乎就是一部世界污染史。至今,欧美各国仍被各种环境问题所困扰。2009 年,美国媒体指出,4 900 万美国人的饮用水含有砷和铀等危险物质,按照美联社的调查,包括制药厂在内的美国制造业合法向大小河流、湖泊等排入了至少 2.71 亿磅药物。我国自 20 世纪 80 年代后就认识到不能再走发达国家先污染再治理的老路,而确定将环境保护作为基本国策。然而,今天摆在我们面前的现实仍十分严峻。按照"十一五"规划纲要,"十一五"期间,单位国内生产总值能耗要降低 20% 左右,主要污染物排放总量要减少 10%,要完成这一目标,2010 年单位 GDP 能耗就要下降 6% 以上,难度将超过"十一五"过去 4 年中的任何一年。2010 年 5 月 4 日,国务院下发提出 14 项加大节能减排力度的措施。在 5 月 5 日国务院召开的全国节能减排工作电视电话会议上,国务院总理温家宝强调,要本着对国家、对人民、对历史高度负责的精神,确保实现"十一五"节能减排目标。那么,在节能减排背后,我们面临着哪些考验呢?

其次,要一烧了之,但要有条件地一烧了之。可能有读者要问了,难道德国人不怕二恶英吗?当然也怕,但是他们有先进的技术,完全可以避免产生二恶英。你知道德国人是怎么烧垃圾的吗?德国有全世界最顶尖的化学家,他们把这些人召集在一起,来研究二恶英究竟是怎么产生的?然后他们就发现,在含氯塑料的焚烧过程中,如果焚烧温度低于800℃,含氯垃圾就不能完全燃烧,这样的话,就极易生成二恶英。他们弄明白了这个机理,就搞出来三招。第一,就是非常严格细致的垃圾分类,确保只有高燃烧值的物质才被燃烧,而不是像我们这样不管三七二十一都放进炉子一起烧了。第二,就是烧之前确保里面没有含氯的塑料,最好连塑料都没有,因为塑料可以经过破碎、造粒、改性等流程,变成各种透明或不透明的塑料颗粒,再按照品性进行分类,最后成为可以再次利用的再生料。第三,就是加入少量的柴油,来确保焚烧的温度足够高。进而避免产生二恶英。这样,最令国内垃圾处理企业头疼的二恶英排放问题就得到了有效控制。据德国环境部2005年的报告,目前,德国已有68个垃圾焚烧厂,二恶英的年排放量由1985年的全年400克下降到不足0.5克;1990年,德国生活垃圾焚烧二恶英年排放量约占总排放量的近1/3,而到2000年,这一比例下降到不足1%。

不仅如此,德国甚至把垃圾处理做成了高利润的行业,不但处理自己的垃圾,而且还进口了大量的垃圾。德国把环保做成了产业。占全球环保产业市场份额的21%,环保产业已经成为德国经济的重要行当,而在整个德国,垃圾处理和回收创造了400多亿欧元的产值,占到了德国GDP的8%,整个行业从业人员有20多万人,被视为德国经济增长最快的行业。

三、日本的反省：经济增长错在哪里

我们为什么会有这么严重的重金属污染呢？今天郎教授我决定给你们一个答案，那就是我们没有搞懂正确的经济增长方式。

错误的经济增长一：以牺牲环境为代价。我们仔细分析一下国内这几个汞中毒、血铅污染的案例，就不难发现最大的污染源其实就是开矿、选矿和冶炼。20世纪这种现象在日本也接连出现过。比如汞中毒，我们查到的资料显示，水俣镇患水俣病的有180人，死亡50多人，在新线县阿赫野川也发现100多个水俣病患者，8人死亡；日本神东川的骨痛病，是因为镉污染，导致骨痛病患者达到230人，死亡34人；而日本四日市事件，是因为大气中二氧化硫浓度严重超标，导致空气污染，进而导致全市哮喘病患者871人，死亡11人。

这种生态危机，如果发生在中国会怎样？可能也就是对工厂处罚一下，实行关停并转就完了，但是如果你以为日本政府也这么处理问题的话，你就太幼稚了。他们开始了非常深刻的反思思潮，他们发现，如果生活垃圾不好好处理的话，污染就会比工厂还厉害，会成为生活中的隐形杀手。所以从此以后，日本就开始特别注意环境保护，连续通过了三部非常严格的环境保护法。立法的结果就是日本人不再在本国生产电池了，而是有计划有目的地把生产线都卖给中国，或者搬到中国来。现在全世界80%的铅蓄电池都在中国生产。

背景提示

《智子入浴》是美国摄影师尤金·史密斯《水俣》专题中最为著名，也是传播最为广泛的作品。20 世纪 50 年代初,日本九州岛南部熊本县一个叫水俣镇的地方,出现了一些患口齿不清、面部发呆、手脚发抖、神经失常的病人,这些病人经久治不愈,全身弯曲,悲惨死去。水俣镇有 4 万居民,几年中先后有 1 万人不同程度地患此疾病。日本政府经数年调查研究证实,水俣镇居民是因工厂废水排放而发生了水银中毒症。据说,在拍摄《智子入浴》时,看到满怀爱意的智子母亲为残疾女儿洗澡,尤金·史密斯的双眼噙满泪水,几乎无法按下快门。实际上,日本的水污染事件在欧美工业化过程中并不鲜见,1952 年以来,伦敦发生过 12 次大的烟雾事件。其中 1952 年 12 月发生的一次,使得 5 天内 4 000 多人死亡。那么,这些曾经发生的事故应该带给我们怎样的启示呢?

错误的经济增长二:以过度消耗石油和原材料为代价。1973 年开始的第一次石油危机持续了 3 年,在这期间,美国的工业生产下降了 14%,GDP 下降了 4.7%。而日本比美国严重得多,它的工业生产下降了 20%。GDP 下降 7%。日本发现每次一出现什么危机,最受伤的总是它们,因为稍有风吹草动,日本就没法从海外进口原材料了。比如说日本电子工业急需的铜原料,在 1973 年的时候,每吨竟然涨到 3 000 美元甚至更高,由此导致 1975 年日本的机械制造业、电气机械器具、输送机械器具行业的收入增长率分别降到 —6%、—6% 和 —8%,利润的增长速度下降到 —51%、—45% 和 6.4%。所以,日本又开始了一次深刻的反思。反思的结果是什么呢?他们发现城市中产生的垃圾,如果好好回收的话,就是不可多得的金属矿藏,比如说如果每年进口的铜,不论最后是加工成铜线还是铜管,如果能回收 50%,那下一年的进口量就可以缩减一半。这也就是为什么日本虽然也是制造业大国,却不需要像我们一样进口那么多原材料的原因了。不仅如此,日本还琢磨,如果发动机的燃烧效率能提高 6% 的话,那石油进口是不是就可以省掉6%?这样的话,他们就不必进口那么多石油了。

日本正是透过这种转型,经济飞速发展。自1973年以后10年里,日本的GDP增长了47%,但是一次性能源的消耗量却只增长了17%,单位GNP的石油消耗量也下降了一半。再看看他们在重工业领域的表现,有色金属、钢铁、化工产业的地位也都让位于医药、运输机械和精密机械等产业。所以,在1978年爆发的第二次石油危机以后,尽管石油价格从每桶13美元暴涨到每桶40美元,但日本的经济所受到的影响却非常小了。

错误的经济增长三:以电子垃圾和建筑垃圾为代价。日本的资源是非常匮乏的,但他们的家电却更新换代得非常快,所以就产生了很多电子类的垃圾。如果我们都知道的话,日本人自己能不知道吗?那他们怎么办呢?于是日本就实施了《家电循环利用法》,这个法案规定电视机、洗衣机、空调和冰箱这4类产品的废旧物由厂家进行回收,回收后那些可以进行再利用的零部件利用起来,不能用的就想办法进行处理。可以从中提炼出大量的贵重金属,这样,日本也不用花那么多钱来进口了,这就是日本提出来的"城市矿山"的概念。2008年,日本物质与材料研究所发布报告表明,日本的国内"城市矿山"中,各种金属的储藏量在世界上都位居前列,按照日本城市矿山占世界各种资源蕴含量的比例计算,日本的金银铟铅四种金属的蕴含量都是世界第一,铜是世界第二,铂是世界第三,钒和铬是世界第四,钼和锌是世界第五。透过这个法案,还另外解决了一个就业的问题,比如一个家电制造厂裁员了20%,现在这部分人就可以被新兴的电器回收企业安置了。实施这个法案以后,日本觉得效果不错,于是又提出来《汽车循环法案》,规定汽车制造厂商有义务回收废旧汽车并进行资源再利用。还有《建设循环法》,规定建设工地的废弃水泥、沥青、污泥、木材等资源的再利用要达到100%。我之所以讲了这么多关于日本经济发展模式转变的问题。是因为日本今天对环境的保护,对生活垃圾、废弃家电、废旧汽车乃至废弃建筑材料的回收再利用,无不来自于它对每一次危机的认真反思。这一点值得我们思考和反省。不过。我很担心我们这个民族的自省能力不是很差,而是几乎就没有。

延伸阅读

决战新能源：一场影响国家兴衰的产业革命

生物燃料的生产也面临着一个引人注目的、具有讽刺意味的问题。为寻求无公害动力燃料，需要更多的煤来发电，而煤是污染最重的化石燃料。在中西部和平原地带，乙醇工厂要么自建燃煤锅炉以获取所需要的热能或压力，要么购买当地公共事业的电能，它们也正致力于建造以煤为燃料的发电厂，以适应新的需要。

在一个像我们一样以汽车为中心的文明社会，全球经济如此依赖交通，因此，液体燃料至关重要。虽然有很多种洁净的发电方式，而且，电力也许在将来会成为头等重要的运输动力（第九章中会进一步探讨），但是，却没有很快替代液体燃料的替代物。当前液体燃料造成国家蒙受沉重的负担：美国每年向大气层排放13亿吨二氧化碳，每天消耗8.2亿美元的石油。与一加仑柴油或汽油所含的化学能相比，石油的储存及运输相对更为简易和方便。正如加利福尼亚理工学院内特·路易斯教授所说："你可以花5美元买一软管给车加10兆瓦能量的油，但要输送10兆瓦电则需要高压输电线。电不会像汽油那样坐在那里，静等你使用。"不仅飞机和汽车依靠石油，1.5万亿美元产值的化学和塑料工业同样依赖它。

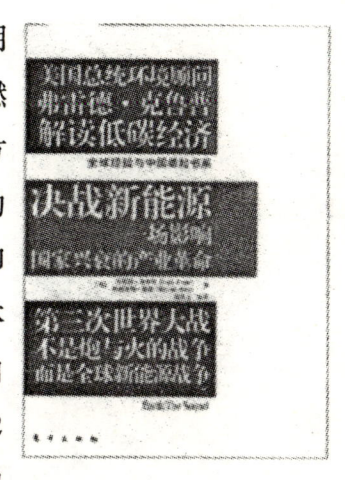

由于生物燃料是如此新颖并仍在发展变化之中，在这个技术快速变

化的年代,生物燃料新创公司还具有一个更大的优势:它们可以充分利用计算机、生物科学技术、基因工程和其他学科的最新成果。实验室里,纽曼边巡视边说:"这里有100多种技术。"

通过模糊能源、农业和生物技术之间的界限,这些新创公司发明了各种超乎想象的技术。像英国石油公司和雪佛龙公司,数十年来只雇用地质学家和工程师,目前也奋起直追,遍访各个研究生院聘用生物工程人员。他们的一些高级主管甚至完全脱离旧行业,而转型到生物燃料工业。

本文摘自[美]弗雷德·克鲁普(Fred Kr-upp)、[美]米丽亚姆·霍恩(Miriam Hoxn)的《决战新能源:一场影响国家兴衰的产业革命》

第十四章
为什么我们的水资源危机这么严重

2010年3月22日,是第十八个"世界水日"。在这个时刻,中国西南诸省面临的水危机显得尤其深刻。此前,在这个中国水资源最丰富的地区,人们对于雨季与旱季的概念不多,而持续了200多天的大旱和气象部门的数据表明,这种非洲大草原式的雨季与旱季残酷交错的景象,今后或将持久出现在我们的身边。"西南之渴"的背后,是人们对中国水资源极度短缺、分配不均和污染严重的深深忧虑。世界银行的官员预测,在未来的5年内,"水将像石油一样在全世界运转"。而中国已被列入这个缺水的世界13个人均水资源最贫乏的国家之一。

一、"人就水"还是"水就人":深藏在水资源短缺背后的玄机

最近很多新闻又让我们揪心加纠结。2010年上半年,云南大旱,湄公河纠纷,2010年下半年不但特大洪峰数次通过长江三峡,而且到处都是水患。这些都跟水有关。对于我们民众来讲,水,这是一个再熟悉不过的资源了,可是这个资源对于当下的中国来讲却成了不能承受之重,现在我们中国的水资源缺到什么程度呢?人均的淡水资源仅为世界平均水平的1/4,世界上名列第110位,还没赶上中国男足在世界上的排名呢。

很多媒体爆料说,持续200多天的云南大旱的罪魁祸首是桉树,说每棵桉树都是一个小型的抽水机。我看这可不只是桉树的问题这么简单。比如说云南,它们的森林覆盖面积从百分之四十几变成百分之五十几,它们不只种桉树哦,还种植松类的树,但结果呢?还不是一样,都是抽水机。所以说,他们用这种快的速成林的方式来扩大森林面积。对水资源的破坏是不可想象的。

还有,我们国家600多座城市,有400多座都是缺水的,其中100多座是严重缺水。其实,北京本来就属于严重缺水的城市,它的人口已经超载了300万到400万,怎么办呢?我们政府就实行南水北调,让水去追人,而不是人去追水。这种水的利用效率是非常低的,而且它还带来了沿途各个省份之间的利益剥夺,比如说山西、河南、河北很多企业就不能开工了,为什么呢?因为你要供水给北京。要保证水质的清洁。不能开工的结果就是,很多名优产品,比如说小站水稻,以前种水稻的这些产粮区都

不能搞。这也就罢了,北京还竟然用它们的水开桑拿、洗车,这是什么?这就是严重的不公平。这样的资源浪费是我们不能容忍的。北京人均水资源是全球人均水资源的 1/13,比阿拉伯国家还要干旱,这种情况之下,北京的再生水的比例是非常低的,我们这种浪费是非常可恶的。还有,山西本身就是个缺水的地方,但在奥运会期间,为了挤出水来供给北京,它每个礼拜有 3 天是停水的。所以我觉得这是非常不经济的,你说你把北京搞得这么好,地价搞得这么高,然后所有的钱都砸在那里,所有的人都去那里,然后让水调过去追人,这种方式,我觉得是太不智慧了,而且北京还不是一个特例。全国包括在西南这个地方,城乡也是不均衡的,城里的用水是没问题的,而乡村现在已经看不到可以用的水源了,这有什么公平可言?

二、生产方式:水污染的极恶者

其实,这个中国之渴背后最关键的问题是什么?不仅仅是水资源短我们中国的水资源缺到什么程度呢?人均的淡水资源仅为世界平均水平的 1/4,世界上名列第 110 位,还没赶上中国男足在世界上的排名呢。

很多媒体爆料说,持续 200 多天的云南大旱的罪魁祸首是桉树,说每棵桉树都是一个小型的抽水机。我看这可不只是桉树的问题这么简单。比如说云南,它们的森林覆盖面积从百分之四十几变成百分之五十几,它们不只种桉树哦,还种植松类的树,但结果呢?还不是一样,都是抽水机。所以说,他们用这种快的速成林的方式来扩大森林面积,对水资源的破坏是不可想象的。

还有,我们国家 600 多座城市,有 400 多座都是缺水的,其中 100 多座是严重缺水。其实,北京本来就属于严重缺水的城市,它的人口已经超载了300万到400万,怎么办呢?我们政府就实行南水北调,让水去追人,而不是人去追水。这种水的利用效率是非常低的,而且它还带来了沿途各个省份之间的利益剥夺,比如说山西、河南、河北很多企业就不能开工了,为什么呢?因为你要供水给北京。要保证水质的清洁。不能开工的结果就是,很多名优产品,比如说小站水稻,以前种水稻的这些产粮区都不能搞。这也就罢了,北京还竟然用它们的水开桑拿、洗车,这是什么?这就是严重的不公平。这样的资源浪费是我们不能容忍的。北京人均水资源是全球人均水资源的1/13,比阿拉伯国家还要干旱,这种情况之下,北京的再生水的比例是非常低的,我们这种浪费是非常可恶的。还有,山西本身就是个缺水的地方,但在奥运会期间,为了挤出水来供给北京,它每个礼拜有3天是停水的。所以我觉得这是非常不经济的,你说你把北京搞得这么好,地价搞得这么高,然后所有的钱都砸在那里,所有的人都去那里,然后让水调过去追人,这种方式,我觉得是太不智慧了,而且北京还不是一个特例。全国包括在西南这个地方,城乡也是不均衡的,城里的用水是没问题的,而乡村现在已经看不到可以用的水源了,这有什么公平可言?

二、生产方式：水污染的极恶者

其实,这个中国之渴背后最关键的问题是什么？不仅仅是水资源短缺的问题,更是水资源的污染问题。你想想看,本来你就短缺,你还污染,这个问题就很严重了。现在污染的企业,已经越来越多地往中西部扩散了,而这些地方恰恰是中国的水源。这些地方如果不环保,我们沿海地区就要遭殃了。比如说,我们两河,也就是长江和黄河的流域,发端都是在青海那边,那青海就必须要环保,不能受污染,所以它们不能搞工业。可是,青海地方政府就该说了,好,我不能搞工业,我不能搞开垦,那老百姓怎么办呢？你东部要发展工业的话,就要补贴我嘛,这样我才能把水资源保护好,森林资源保护好。那东部的这些省份会怎么说？它们说,我这个钱已经按照税收交给国家了,应该由国家来出,而不是由我们来出。这时候这种纠纷就僵持下来,大家就开始扯皮了,到最后也不会有什么结果,而正是这种没有结果的结果是最可怕的,因为在这种僵持之中,像青海这些最富资源的地区为了本地老百姓的福祉,就可能也开始像我们沿海一样搞水泥厂、化工厂了,那怎么办？

在中国,还存在一个问题,这个问题在于上游的省份或者是中游的省份,如果你一旦加强环保的标准,对企业进行严格限制,企业就走了,企业就会换到那些环保标准不严格的省份去了。其实这也是一个关于水治理的问题,中国的水治理是各省自己管自己的那一段,就跟美国当时一样。在美国,卡特曾经颁布了一个《洁净水法》。在《洁净水法》之前,美国很多跨州的河流,它是州与州之间的博弈,很多州都援引自己的法律,因为管辖权都不一样,所以当时吵得也很厉害,后来美国采用的方法就是所谓的"集权式"的治水,就是由联邦政府统一收归水的治理权,问题也就解决了。

其实,水污染从量上来说,最大的问题是我们的生产方式,最大的污染源实际上是农业,而不是工业,这个是大家要搞清楚的,就是我们大量地施用化肥和农药。如果不施用化肥和农药的话,我们的田基本上是不太产稻谷的。

说到水污染问题,我们很多专家表态说,现在中国的水污染已经明显呈现出从支流向干流、从城市向农村蔓延、从地表向地下渗透、从陆地向海洋发展的趋势了。也就是说,全国性的水资源污染,已经成为中国经济社会发展的一个瓶颈。如果我们不去治理这个水污染,那这个重担就会落在我们的子孙身上,他们到时候会骂我们的。

三、"坏人"监管"坏人"才是最好的?

治理水污染,政府的角色是非常重要的。譬如说,交通阻塞怎么办?拓宽道路。然后呢?建环路。北京就这个样子,高架桥,三环、四环、五环、六环、七环、八环、九环……天津都环进来了。其实,这根本不是道路宽不宽的问题,而是管理方式正不正确的问题,城市规划合不合理的问题。香港道路很窄,但是它堵车就没有像北京这么严重,为什么呢?这是因为香港的交通管理比较到位。所以关于今天水污染的问题,放眼望去,我们有太多问题了。比如说,我们法令是多如牛毛,但基本上是很难执行。而企业呢?你来检查,好,我有个污水处理池。到底它的污染有没有进入这个排放池里面,有没有治理它这个污染源呢?我们根本就没有一个很好的标准。事实上,我们缺乏一个非常严格的监管,建了也等于白建，到最后结果呢？污染下一代。我也不否认，其实中国政府关于治水的投入是很大的。污水处理厂建了一大批，而且有的污水处理厂建好后，就迅速被外资收购了。然后，我们就把水污染处理的问题都交给外资来做了，到最后发现，它们赚了大钱了，我们的水污染治理却没有什么起色。

我想提一个新思维，我突然想到莱茵河。莱茵河在欧洲流经非常多的国家，那就跟我们这边的长江黄河是一样的。在1980年的时候呢，欧洲这些国家针对莱茵河签署了一个公约，就是怎么排放、什么标准，它们大概有64种参数做排放标准。但是我们注意到了，在这个公约之前，它的污染已经大幅下降了，在公约签订之前它的镉含量已经下降百分之八九十了。这个很奇隆！也就是说，莱茵河的治理不是简单地由这么多国家签订一个公约联合来防治水污染，而是在这个公约之前就有一个我们还不清楚的方法已经使得镉含量大幅下降，这个现象就有意思了，我们应该找出1980年之前莱茵河的镉含量为什么大幅下降的原因。

最后，我们研究结果发现一件很有意思的事情。比如说，我们三家工厂，都备排污水，目前是我处理我的污水，你处理你的污水，我们每家企业就要各自负担成本。也就是说，我处理污水的结果是使我企业的生产成本大幅上涨，那我当然是能混就混，能骗就骗，这是一定的。最后，干脆我把一部分污水排进污水处理所，另外一部分干脆排到河里算了，反正我偷偷摸摸地在地下挖个管道，你也看不见。目前我们让企业各自来处理水污染问题，那就肯定处理不好，为什么？就是因为成本的问题。

1980年之前，以德国为主的欧洲国家，在没有签订公约之前，他们竟然非常创意地搞了一个新思维。第一步，它们三家联合把污水送到一个污水处理厂。这个污水处理厂51%的股权是政府的，剩下49%的股权除以3，它们三家摊，也就是它们也要入股，也要投资。什么意思呢？就是它们三家排污水到里面去，处理污水当然要交钱。老百姓呢？吃喝拉撒的污水也排进去，老百姓也要交钱。到最后你发现，这成了一个企业了，而这个企业它们三家都有参股。如果说老百姓的污水多了，或者它们谁排的污水多了，虽然要交一点费，可是到最后发现，说不定这个污水处理厂还赚钱的。赚钱之后它们是股东，它们就能分到49%的利润。因此，对于它们三家来讲，这就不是一个简单的成本概念了，而是它们今天同样这么多的污水要处理，过去是投100块钱成本费，那今天它们还投100块，但是100块交给由它们控股的污水处理厂，由于这个污水处理厂还要帮其他人处理污水，所以说不定就赚了70块给它们了，那它们的成本就30块了。它们就是透过这种方式，集中处理污水，然后共同控股，联合持股的结果就使得成本转化成利润。这样呢，企业就会很注意了，你们企业排放比较多，你可不要自己建了水管排到河里去，你要统统排到污水处理厂，你要交钱的。因为你交钱对我是有利的，所以我就要监管你了，你可不要乱搞哦，你乱搞我就告你。你也不要乱搞，你们两个排放都比我多，所以你们要交钱。因此，它们三者之间就可以互相监管了，这样就省了政府的监管时间。要知道，"坏人"监管"坏人"是最好的。这就是水污染治理的第一步——合股。严刑峻法之前，我们得首先通过利益来自律，不一定从道德自律，利益本身就可以作为一个最有效的制衡手段。所以这是个新思维，我想请各级政府思考一下。

不过在德国做的话呢，它会做得更彻底。也就是说，我们三个把污水排到集中的污水处理厂之后，它有64个参数来做检测，包括镉、砷等等。而且我们突然发现，在每一个参数上面，它都能发展出一条新的产业链。譬如说，如何处理镉，如何处理砷，它就备有各的产业链。我们三个搞的这个污水处理厂不但是个处理污水的企业，而且还可以透过每一个参数往外推广，建立起64个参数的产业链，这样各个不同的企业就应运而生了。所以这个污水处理厂建立其实就是一个催化剂，会把相关企业的产业链都带动起来,这就是第二步。第三步呢,那更有意思了,因为处理污染的理念是一样的,那就可以把这套东西同样用于垃圾处理,还有其他的污染处理上。也就是说透过这个三步曲,第一步,合股;第二步,建立起一条治理水污染的产业链;第三步,把类似的概念转移到垃圾以及其他污染方面去。其实这也就是德国成功的经验,是德国之所以能成为环保设备产业最大出口国的原因所在。如果今天我们能够改变思维,能够换成这种循环产业链的思维,我相信会是我们治理水污染的一条出路。

四、要"治水",先"治人"?

首先我们得先对我们过去的经济发展模式重新做个检讨,我们很多的地方政府为了发展经济,招商引资的时候简直是什么都不管不顾了。什么水污染?无所谓。水处理呢?不用处理了,随意排放,所以才造成今天这种局面。而现在,我们要为过去经济发展的结果买单了,2010年就是开始买单的时候。这个单如何买?很多地方政府可能找不到方向了。我觉得我们可以从这方面开始谈一下。其实,我发现,我们目前关于治理水污染的思维,基本都是错的。有些地方政府甚至还到一些水治理技术落后的国家考察,比如说到澳大利亚,那不笑死人了吗?你考察它的袋鼠还可以,你考察它的水治理,这不是扯淡吗?我举个例子,好多中国的考察团到澳大利亚墨尔本当地一个20世纪的污水处理厂考察。这个污水处理厂早就是很落后的一个产能了,30年前做过几次改造,以供当地的中小学生参观。而中国的考察团去那儿游玩,一个城市就派出20个考察团,都考察同一个污水处理厂。他们到了那个展览室;有好多中国代表团的留言题词说,啊,这是世界上最先进的污水处理技术,我们真长见识了!

这可是在当地被传为"佳话"的。这些人,花了我们老百姓的钱,还丢了咱们中国人的脸面。而我们中国的污水治理就是由这种人来负责的,这怎么可能管得好呢?我们连最基本的观念都是错的,根本还不知道怎么管理水。而且,你知道吗?观光团、考察团这些个人啊,是谁请他们去参观的?是国外提供这些水处理设备的外商请他们去的。那目的就很明显了,我不用说,大家也清楚的。

还有,前不久看到一个对水治理专家刘光钊的采访,刘光钊是世界上很著名的水处理专家。他在接受采访的时候也勾勒了一个中国目前治水的产业链。他说,中国的一个特点是要治污先上项目,这些项目在这个产业链中起到一个圈钱工具的作用。首先是一个上亿元的工程,这些污水处理企业首先在设计费上可以拿到几百万,那这几百万他们怎么处理呢?他们拿去做设计吗?干嘛费那个劲呢?随便从国外剽窃一个落后的,落后几十年甚至半个世纪的技术,就像澳大利亚那些技术就可以了,拿过来说是"最先进"的技术,这不就省了几百万的专利费吗?要知道,这些污水处理厂都很有实力的,他们可以把相关的配套企业拿过来,把那些积压的设备、落后的技术,通过这些项目统统卖出去,最后政府买单。在这个过程之中建起来这些工程,现在咱们叫"猫腻工程",建起来之后,有的运行费用太高,有的运行不正常,怎么办呢?那就把它包装一下,让外资收购。而关键是外资它也愿意收购的,醉翁之意不在酒嘛,他们也不会考虑你污水处理厂能不能净水。他们只是把它包装成一个金融概念,然后它的股票就迅速打着滚地往上翻,因为它觉得污水处理有利润。而外商处理之后呢?其实国内专家也知道这个问题,但是他不揭穿,他不做《皇帝的新装》里的孩子。为什么呢?因为他说引进这个技术,可以作为自己学术上的一个成就,把这个项目作为进身之阶。所以,刘光钊在接受采访时,最终就感慨说:"在中国治水不重要。先治人很重要。"

通过这两个例子,我们可以看出来,往往当我们提出一个很好的水污染处理的经济发展概念时,而且这个概念还非常可行,但是一旦碰到上面的情况之后,利益的取舍很可能就走到另外一步了,而不会走到正确的轨道上。所以我们的水污染治理,确实需要"先治人"。

对于治水的循环经济的问题,有了很好的模式,有了很好的规划,我们还需要一个高超的执行力。其实我们政府有一个很大的特点,那就是行政力量特别强大。目前政府的这种能力,如果能够用到水污染处理的循环经济上,超过德国也是有可能的。但问题是,我们现在是治理企业一家独大,这个城市就这一家了,像北京这样城市的水价现在已经很高了,已经到5块,可能以后要到8块、10块,它这里边含有污水处理费的,这个污水处理费你是无法去质询的。它到底为什么会这么高?因为它没有竞争嘛。所以,我们还需要一套好的竞争机制,但这个竞争机制不应该是为市场化而市场化。而是由我们三个人搞一个水污染处理厂,另外四个人搞另外一个,这样我们之间就有竞争了。建立规范化的市场,就是要我们自己建立一套好的制度来规范这个市场行为,这才是我们所想的事情,而不是一个简单的市场化。所以我想我们应该从这个莱茵模式,做更深层次的思考,尤其政府和治水单位,更应该多多思考、多多学习!

延伸阅读

2025年世界将发生什么……

两极冰川融化明确地反映了气候变暖现象。根据2004年发布的一份报告显示,极地气候在未来几十年的上升速度将是其他地区的两倍。自1978年以来,地球海洋冰川面积以每十年8%的速度减少。也有人认为,不排除在21世纪下半叶极地冰盖将可能彻底消失。北极以及其他冰川地区(尤其是格陵兰岛)的气候变暖将带来极为严重的后果,如生物种类的显著改变、水平面上升以及大西洋地区气候的巨大变化。由于冰川融化造成的北大西洋海水淡化,将减缓寒流与暖流的交换速度,并减弱湾流的影响。根据最近的研究显示,湾流的影响自20世纪中期以来已降低了30%。气候变化专门委员会预测,大西洋的寒暖流交换速度到2100年将减弱约25%。当然,这一现象可能造成的后果还有待研究,不过湾流影响力的改变则可能使美国和西欧的气候变冷。至于这些结果何时、将有多大可能性发生还不得而知。

2007年至2025年期间,海平面上升速度将得到控制。自20世纪90年代以来,全球海平面以每年0.3毫米的速度上升,这主要是由海洋吸热(海洋吸收了80%,的热量,并影响到3 000米以下的区域)和冰川融化引起的。同时,水平面上升还可能造成沿海地区和含水层的盐碱化,这将严重影响大量人口密集地区的农业产量,尤其是三角洲地区(如尼罗河和尼日尔三角洲地区)。

由于人口和农业的过快增长,发展中国家的淡水消耗量将飞速增长。目前全世界有超过10亿人无法获得足够的饮用水,而土壤枯竭、污染和沙漠化将使可利用的资源进一步减少。淡水资源的匮乏在干旱和半干旱地区表现得更为明显,到2030年,这些地区约有90%的可用资源将被用于农业。根据联合国的预测,"到2025年将有超过28亿人生活在水资源贫乏的国家或地区",水资源将以平均每年每人1700立方米的速度减少。而在北非和中东一些人口密集的国家,水资源甚至无法达到平均水平的一半。当然,改善资源管理模式和分配方法将有助于减少浪费,尤其是在发展中国家。

本文摘自[法]妮科尔·涅索托(NicoleCnesottO)、[意]吉奥瓦尼。格雷维(Ciovanni(;revi)的《2025年世界将发生什么……》

第五部分
为什么政府处理国际事务这么难

第十五章
为什么美国人这么不讲理

焦点经济问题,中美双方闭口不谈。

不管是中国的学者,还是美国的官方,信誓旦旦、言之凿凿说这次会谈汇率问题,结果全部落空。

多年努力,好消息来得如此突然。

竟然慷慨地许诺考虑给中国市场经济的地位。

华裔商务部长,念念不忘的究竟是什么?

从香港的清洁能源及环保行动论坛,到清华大学的演讲,时间在变、地点在变、听众在变,但这个哥们的演讲主题一直没变。

一、"篮球外交",来者不善

2010年5月25日刚刚结束的第二次中美战略与经济对话,热热闹闹地过去了。当然了,我们各大媒体讨论的也是热火朝天,认为我们取得了巨大成功。甚至呢。希拉里和美国财政部长盖特纳还上了《鲁豫有约》的节目,谈人生、婚姻、子女、理想等等,他们怎么那么轻松啊?而且财政部长盖特纳西装上衣一脱,运动鞋一换,上场打篮球了!

背景提示

美国财政部长蒂莫西·盖特纳是第二轮中美战略与经济对话美方的领军人物。对于这位领军人物在对话开始前半天中所进行的篮球秀,《华尔街日报》给予了特别关注,称"盖特纳在比赛中显示了良好的团队意识:愿意传球,协同防守",但同时质疑,"在美国总统继任顺序中排名第五的美国财长身上应有的那股霸气哪儿去了?""盖特纳是不是勉为其难地试图给主人留下个好印象?"实际上,中美之间"篮球外交"在2009年首轮中美战略与经济对话中就已出现,当时美国总统奥巴马送给中方首席代表国务院副总理王岐山一个他签名的篮球,媒体对此的评价是《篮球传情,奥巴马传得巧,王岐山接得妙》。而盖特纳在接受中国记者采访时明确表示,之所以上场打球主要是因为篮球馆的新能源照明系统来自美国艾奥瓦州的一家小企业,"在这里打篮球,大家会注意到这些照明系统。"那么,盖特纳的篮球秀究竟包含着怎样的深意,第二轮中美战略与经济对话中,美国到底在想什么呢?

盖特纳打篮球的时候,我们的人还不忘提醒上场的球员,赶快把球传给盖特纳。透过篮球这个小事就可以想象得出,我们在面对美国人的时候,是多么的戒慎恐惧、惶恐不安、低声下气,真是让人感到难过。更让人难过的是,这次的中美战略与经济对话的本质和盖特纳打篮球是一模一样的,我们又把篮球恭恭敬敬地送到了美国人手中。我为什么这么说?就是因为美国从2009年9月20日就开始谋划这一系列的阴谋了。各位记不记得,去年5月我就呼吁我们政府要警惕美国展开的汇率大战,我是全世界第一个这样呼吁的学者。当然了。我们政府还是一如既往地不听我的。2009年9月20日,汇率大战开打了。到了2010年的3月底,美国130个国会议员联合写信给财政部长盖特纳、商务部长骆家辉,要求他们在2010年4月15日把中国列入汇率操纵国。他们为什么要这么做?是因为如果把中国列入汇率操纵国的话,美国就可以对中国所有出口美国的产品征收27.50h,的关税。

可是我实在不觉得美国人会这么傻,他们有什么理由发起贸易大战呢?请读者想一想,如果美国真的在4月15日把我们列入汇率操纵国的话,虽然表面上他们可以征收27.5%的关税,可是万一中国政府报复怎么办?当然了,我们政府敢报复的几率是非常小的。不过我们如果报复,也对美国出口到中国的所有产品征收27.5%的关税的话,这就成了一场不折不扣的贸易大战,最后的结果虽然是中国受重伤,但是对美国也同样会造成一定程度的伤害。因此我实在不觉得美国会这么傻,它们干嘛甘愿受伤害呢?连我这种水平都能想得通,奥巴马的团队比我聪明得多得多,他们不会想不通的,我认为他们一定会以贸易大战为手段,而真正的目的是汇率大战。请读者想一想,如果能够利用4月15日将中国列入汇率操纵国的天赐良机,逼迫人民币汇率升值27.5%的话,这个结果不是和关税增加27.5%一样吗?而且,汇率升值中国政府也没有什么理由报复,因为是我们自己要升值的嘛。

背景提示

在经历了5次中美战略经济对话与6次中美战略对话之后,2009年4月,中美两国元首在20国集团伦敦峰会期间决定,将两个对话体系合而为一,以"中美战略与经济对话"的名称形成机制,延续下去。中美战略与经济对话的特点,就是在一个统一的框架之下通盘讨论政治、外交、经济、金融等领域的对话与合作。首轮中美战略与经济对话已于2009年7月27日至28日在华盛顿举行。作为世界大国,中美之间对话范围十分广泛。就美国而言,既有全局性、战略性和长期性议题,也有迫于国内政治压力必须拿到对话现场的具体问题和短期热点问题,以至于在首轮中美战略与经济对话时,中国国务委员戴秉国笑称,"除了没谈登月,恐怕很多问题我们都讨论了"。近两年来,清洁能源与环境保护、金融市场准入和投资双向开放、朝核问题、打击恐怖主义等,都是中美双方的焦点话题,而只有在这一系列问题中能找到利益交集,在具体议题中'能够体现公平原则,尊重彼此的关切所在,才能真正完成对话使命。那么,在目前的经济形势之下,美国最想在哪方面取得进展呢?

显示,人民币汇率升值3%的话,中国的传统劳动力密集产业的利润率将为零,如果升值超过5%的话,中国传统劳动力密集产业将大量倒闭,就会造成严重的社会问题。因此,中国政府对于汇率升值的底线是3%到50k。而美国的底线呢? 是200h,到41%之间,差距这么大,双方根本就没有交集。

二、买单新能源？中国欠了谁

由于双方没有交集，问题就复杂了。请读者想一想，美国明明知道我们中国是不可能把汇率升值到20%到41%之间的，因为那样的话就太可怕了，那将使整个中国经济解体。连我这种水平都能看得懂的问题，美国会看不懂吗？其实美国也很清楚，我们是不可能答应的，那他们为什么还这样做呢？我告诉你，他们是"项庄舞剑，意在沛公"，玩的就是声东击西。他们真正想要的是我们开放金融市场。正如同我在《郎咸平说：新帝国主义在中国2》上讲的，2010年4月8日美国财政部长盖特纳访问完印度之后，直接飞到北京首都机场，在机场贵宾厅和副总理王岐山会谈了一个小时。会谈完之后，在华尔街交易的一年期远期人民币汇率就突然贬值了。也就是说在谈话之前，华尔街一直对人民币施压逼迫升值，但是谈完话之后竟然说无所谓了，不升值也没关系。读者不想知道为什么吗？很简单，一定是我们同意了华尔街的要求，那到底是什么要求呢？

我在《郎咸平说：新帝国主义在中国2》里曾经谈到，日本在1985年签订《广场协议》之后，到了1990年1月，美国丢下一个金融核弹头炸毁了日本的资产泡沫，让日本陷入了20年的萧条，至今都没有办法回暖。读者知道当时炸毁日本的金融核弹头是什么吗？我分解了一下，里面有三个零配件，第一个叫做融资融券；第二个叫做股指期货；第三个叫做允许华尔街进入日本操纵前两个零配件。

请问各位读者，我们中国目前还差哪一个零配件？我告诉你，第三个。因为2010年3月31日我们开放了融资融券。4月16日又开放了股指期货，现在就差最后一个——允许华尔街进入中国操纵这两个零配件。

只要允许华尔街进来,金融核弹头立刻准备完成拱手让予美国了。我认为4月8日可能谈的就是这件事。4月13日我们国务院公布了一个意见,叫做《国务院关于进一步利用好外资的几点意见》。其中的意见三就是允许华尔街以合资方式进入中国。至此,金融核弹头的三个零配件已经准备妥当,就等着拱手让予美国了,他们可以随时狙击我们,这是他们要的第一个礼物。第二次中美经济战略对话再次确认允许华尔街透过QFII,也就是合格境外机构投资者利用融资融券操纵股指期货。读者会不会觉得美国得到这些就满足了?

那我想提醒读者回忆一下奥巴马为了应对金融海啸,在2009年的2月15日说过的话,他说要发展新能源来拉动美国经济。2010年1月29日,他又说未来5年之内美国的出口要翻番,并且增加200万个就业机会。我突然想到美国除了拿走金融核弹头之外,为什么不叫我们中国买单,让中国来协助美国发展新能源,从而完成出口翻番的目的,解决美国就业问题呢?我说过的,美国那帮人比我聪明得多得多,我想到的,他们肯定早就想到了,所以,我认为这才是第二次战略经济对话的真正目的。

其实我很同情我们政府,在美国这种新帝国主义的压迫之下,能做的非常有限。读者可能要问我了,"郎教授,如果是你的话,你会怎么办?"我必须承认,我也没有办法。

中美对话公布了26项成果、8项协议、5个承诺。其中,新能源项目签订了5个协议,而26项成果当中的12项和新能源有关,其他都是不重要的,包括医疗合作、人权问题、反腐败、气候、反恐和对国际事务的意见等等。

三、美国给了我们什么意外

很多海内外媒体和学者都认为汇率是二次中美对话的重点,他们这就是完全没有摸清楚状况。

背景提示

尽管目前中美战略与经济对话只举办了两届,但从规模与规格,以及双方的重视程度来看,都呈现出升温的迹象。在2009年首轮中美战略与经济对话之前,美国国务卿希拉里·克林顿就表示,对话"最大规模地集中了两国的高级别官员,会谈涉及的范围也是无可比拟的",而在2010年第二轮中美战略与经济对话之前,美国负责亚太事务的助理国务卿坎贝尔再次表达了相同的看法,他认为,由美国国务卿希拉里·克林顿、美国财政部长蒂莫西·盖特纳领衔的美国代表团阵容豪华、规模空前,"这将是美国历史上内阁和政府官员访问中国规模最大的一次。在两天的议程中,我们的整个代表团将有200多名官员与会,他们来自美国政府各个部门,特别是还有来自国防部和美军太平洋司令部的官员参与其中。"那么,如此大规模、高规格的对话,到底能够达成哪些相关协议呢?

上海财大金融研究所副主任奚君羊在接受采访时就指出,经贸关系和汇率问题肯定是重点谈论的话题。社科院财贸研究所研究员于立新认为,人民币升值是一把双刃剑,升值可能会引发中美之间更激烈的贸易战。路透社的文章也称,如果人民币汇率只是对话的焦点的话,对话取得的结果将会令人相当失望。美国财政部发言人2010年4月26日宣布,美国财长盖特纳和国务卿希拉里于5月24日到25日出席这次战略对话的时候,将与中国高层官员就人民币汇率进行对话。这说明当时连财政部发言人都没搞清楚状况。但是5月21日,美国商务部长骆家辉在清华大学发表清洁能源为主题的演讲中,只字未提近年来一直成为热点的人民币汇率问题。当他会见中美商会会员的时候,面对代表的提问,他说汇率问题将留到中美经济战略会议的时候再讨论,他说财政部长盖特纳将就这一问题继续持强硬立场。但是,不管是中国的学者,还是美国的官方多么信誓旦旦、言之凿凿地说这次会谈主要是关于汇率问题,结果全部落空,为什么?请读者想一想,如果美国的真正目的是获取金融核弹头和新能源的话,他们为什么要谈汇率?如果沛公都被杀死了,意在沛公还有意义吗?既然能得到新能源这么大的礼物,他还好意思喋喋不休地再讲汇率吗?所以说,美国不跟我们谈汇率问题,是给我们的第一个意外。

那美国给我们的第二个意外是什么呢?是他们竟然慷慨地许诺"考虑"给中国市场经济地位。各位读者知不知道这个有多重要?这么多年来,就是因为他们不承认我们中国的市场经济地位,所以才经常制裁我们的出口产品,比如反倾销等等。而且,美国的制裁通常是采用第三国的市场价格来做计算,比如说在中美彩电反倾销案当中,美国选择印度为中国的替代国,要知道印度彩电的平均原材料价格是中国的6倍,价格肯定比我们高得多,但是美国从来是不讲道理的,他们就用这个标准来制裁我们。而这些制裁依据的真正法律基础是什么?就是因为我们不是一个市场经济国家。如果美国一旦承认中国是市场经济的话,就没有制裁我们的法律基础了。要知道2006年到2009年之间,美国对华反倾销的涉案金额超过60亿美元,这么大的金额,美国为什么要放弃这个杀手锏呢?当然,美国并没有真正放弃,他们只说"考虑"给中国市场经济地位,他们可以"考虑"很多年啊,说不定要考虑20年,反正没有违反承诺,只是我们中国目前还需要再多努力,怎么努力呢?对于美国的要求我们还必须再满足才可以,我认为这就是他们会干的事。

美国为什么做两个这么大的让步呢?我想只有一个原因吧,一定是中国让步更大。

四、奥巴马的双簧

高盛的董事总经理胡祖六这个人长得有点像地产开发商,2010 年 5 月 28 日他在凤凰卫视《金石财经》做客的时候说,中美新能源的研究成果应该共享。胡祖六其实就相当于清朝时候的买办之类的人物,专门替外国人跑腿的。他说我们应该跟美国共享新能源的话让我听了毛骨悚然。5 月 30 日他又说,中美能源的合作空间大,我觉得他是在制造舆论。当然啦,我必须承认,他在中国政府的影响力比我大多了,虽然他总是胡说八道,我就搞不清楚我们政府为什么总听他的,甚至还有谣言说要他出任央行的副总裁。

背景提示

自 1995 年起的连续 15 年中,中国一直是遭受反倾销调查的"世界冠军",而在 2001 年中国加入 WTO 后的 7 年内,针对中国企业的反倾销调查总数为 392 件,平均每年达 56 件。在现行"游戏规则"下,WTO 成员国有权区别对待"完全市场经济国家"和"非市场经济国家"。在许多国家的定义里,拥有庞大国有经济的中国产业被先验性地推定为"不符合市场经济"标准。因此,自加入 WTO 之日起,中国就被定义为"非市场经济国家",期限长达 15 年。这意味着,在为期 15 年的"非市场经济国家地位"

到期,也就是 2016 年之前,中国要想改变这一现状,就要一个国家一个国家地谈。据中国商务部长陈德铭透露,目前包括美国、日本及欧盟等有大约 30 个左右、全球 3/4 的"高收入国家"不承认中国的市场经济地位。在首轮中美战略与经济对话上,中国国务院副总理王岐山进行主旨发言时,特别敦促美国方面尽快承认中国的市场经济地位。2010 年 5 月 25 日,随着第二轮中美战略与经济对话成果清单公布,美国"承诺尽快承认中国市场经济地位"的消息引发广泛关注,并被不少媒体称作"重大的突破性进展"。那么,美国究竟做出了怎样的承诺?又为什么愿意放下可以发动贸易大战的杀手锏呢?

我发现美国商务部长骆家辉和总统奥巴马两个人在唱双簧。骆家辉是中国人的脸孔,其实是个香蕉,外面是黄的,里面是白的,这种人对中国理解更深、打击更大。还有很多人说,盖特纳的中文讲得特别好,还很高兴。我说你们不要高兴,会去学中文的美国人个个都不是好惹的角色。你想想看,高中大学时代就想到学中文,这是何等的睿智,你会去学非洲话吗?而且骆家辉这种香蕉,他为了显示出他的公正公平,他对中国一定会更过分。所以当年我去美国念书的时候,我的一位过世的老师陈昭男教授在我大学时曾经跟我说:"郎咸平,以后你在美国找指导教授,千万不要找美籍华人。他们为了表现自己的公平公正,特别折磨中国学生。你要找犹太人,或者找美国白人,他们心中是没有什么牵挂的,比较坦荡,他们会照顾外籍学生。"我谨记这个教诲,因此我在美国的指导教授就是美国白人,还有犹太人,我绝对不敢找美籍华人,我看骆家辉也差不多。骆家辉从 5 月 16 日抵达香港,到 5 月 25 日离开北京,从香港的清洁能源及环保行动论坛,到清华大学的演讲,时间在变、地点在变、听众在变,但这个哥们儿的演讲主题一直没变,那就是清洁能源。我把他的原话念给各位读者听。

骆家辉说:"希望150年后我们的子子孙孙在回顾这150年时,能够感到非常的欣慰,也能为他们的前辈感到骄傲。由于中美两个世界最大的经济体在节能减排上所作的努力,为地球作了巨大贡献。"我们中国人最喜欢听这个吹捧我们的谎言了,还中美两国共同努力呢,实在可笑,美国如果能独霸的话,他们有什么理由找我们去共同努力呢?美国自己不行吗?而且他说美国代表了新能源的最高水平,包括波音、杜邦、通用、杜克、第一太阳能在内的24家企业,他把它们称之为代表了开发出减少温室气体排放的产品服务或技术的美国企业。

背景提示

2010年5月27日,美国白宫公布了奥巴马政府的《国家安全战略报告》。这是奥巴马上台16个月后,首次发布国家安全战略报告。该报告放弃了布什政府"反恐战争"的说法,以及布什政府时期的"先发制人"战略。尤为引入注目的是,报告提出,"我们努力的核心是致力于复兴我们的经济,这才是美国实力的源泉"。分析认为,《国家安全战略报告》是奥巴马所谓"智慧外交"的具体体现。而在这种"智慧外交"思维下,围绕中美战略与经济对话,奥巴马与盖特纳一前一后,配合如此默契,那么,奥巴马与盖特纳期望自己的双簧表演为美国经济带来什么呢?

再看看奥巴马在美国怎么唱双簧?5月26日开完经济战略会议之后的第二天,奥巴马在美国发表讲话,讲得刚好完全相反。他说我们在能源科技上已经远远落后,全球光伏电池生产前10名里面,7个都是亚洲公司,前5名有3个是中国的,分别是尚德电力,注册地是江苏无锡;英利绿色能源,注册地河北保定;天和太阳能,注册地江苏常州。各位朋友听起来有没有觉得很骄傲?我认为,只要你觉得骄傲的事情通常都会有问题。我发现所谓这3家中国公司虽然是在中国注册,但都在美国上市的,而且大部分股权都是美国投资人。此外,美国的机构投资人和基金分别持有了尚德和英利42%和48%的股权。

我看,他们这个一唱一和的目的就是希望新能源的前期研发由中国买单,把中间制造的污染例如提炼多晶硅所留下的剧毒四氯化硅留在中国,最后再将利润留在美国。这就是我们在这次中美经济对话上的真正让步。2010年5月20日,英国石油公司(BP)原油在墨西哥湾外漏,造成了史无前例的环保大灾难。就是因为这个原油泄漏事件,使得奥巴马的民调达到历史的低点,所以奥巴马最近痛苦不堪。甚至按照媒体的报道,超过半数的人对于奥巴马处理墨西哥湾漏油事件是不满意的,可能会危及到他以后的竞选连任,而且这个危机是非常大的。

各位读者想一想,5月20日发生漏油事件,5月24、25日就是第二次中美战略对话,奥巴马派出了200多个阁员参与会议,这是为什么?要知道美国跟我们可是不一样的,我们这边官员特别多,美国的官员是非常少的。人家是精英政府,不像我们是大政府,到处都是官。200多人是什么概念你知道吗?就是说,美国政府各个部门的官员几乎倾巢出动。我甚至怀疑现在留在美国的只有一个官员,他就是奥巴马。

背景提示

2010年4月20日,美国墨西哥湾"深水地平线"钻油平台爆炸,两天后沉入海底,随之发生的漏油事件不幸成为美国历史上最严重的环境灾难。按照6月15日的估计,此时每天的漏油量在3.5万桶至6万桶之间。自6月3日下午开始,全美超过50个城市的民众走上街头展开名为"捉拿英国石油公司"的抗议活动。钻井平台沉没引发的原油泄漏不仅给英国石油公司带来沉重打击,美国政府也因未能及时阻止泄漏而饱受诟病。不仅如此,6月7日,美国总统奥巴马坦言,原油泄漏事件将对美国经济造成实质影响,而且这种影响还将持续下去。2010年6月15日,美国总统奥巴马对媒体发表观点称,"墨西哥湾石油泄漏灾难对美国的影响堪比'9·11'恐怖袭击。"那么,陷入舆论风暴之中的美国政府会作何打算,漏油危机与中国经济之间又存在着怎样的联系呢?

如果你是奥巴马,碰到这种漏油事件怎么办呢?最好能够在能源政策上交给民众一个又好又快的成绩单。美国太阳能电池巨头第一太阳能公司最近获得了中国政府的同意,在内蒙古鄂尔多斯建立一个世界上最大的太阳能生产基地,工程占地64平方公里,稍大于纽约曼哈顿的面积。生产规模大概是200万千瓦的发电量,相当于两座中国的燃煤发电厂。以奥巴马曾经视察的Solyndra公司为例,这家企业在一年里就获得了5.35亿美元的财政担保贷款,而这个企业给奥巴马的回报是什么呢?3 000个工作岗位,其中1 000个是全职的。Solyndra拿5.35亿美元的财政担保贷款是要做多大产能呢?50万千瓦。所以第一太阳能公司鄂尔多斯项目四倍于Solyndr'a项目,也就相当于帮美国政府省了21.4亿美元的财政担保贷款。而且,如果在美国建立同样规模的太阳能发电站的话,花费需要50亿~60亿美元,但是在中国建呢?美国就省了50亿~60亿美元的投入!这样算下来的话,总共节省了美国人71.4亿~81.4亿美元的投入。此外,由于太阳能的生产设备全部在美国,这将为美国创造12 000个工作机会,其中4000个是全职工作。还有核能发电。2009年3月份我们从美国西屋电气引进了4个机组,其中两个在浙江三门,两个在山东海阳。我们核电站打的牌叫做"万国牌"。我们有加拿大的设备,叫做青山山崎;有俄罗斯的设备,叫做田湾;有法国核电站,就是大亚湾的后续项目,现在又有了美国西屋电气AP1000。

背景提示

在第二轮中美战略与经济对话中,核业界人士最为关注的成果无疑是中国国家核安全局和美国核管制委员会《关于进一步加强西屋AP1000核反应堆核安全合作备忘录》。按照相关媒体报道,由于AP1000技术没有在任何一家核电站中实现应用,因此从决定花巨资引进该技术时便饱受争议。不过,有两院院士对媒体表示,购买'国外的第三代核电技术,完全是政府出于对欧美的贸易顺差过大,采取的权宜之计。2004年后,随着西方国家在高油价和碳减排的双重压力之下恢复核电投资,全球核电正在迎来新一轮集中投产期。中国从2009年也开始推进核电,巨大的市场必然吸引全球经济力量的关注。

你们有没有觉得很奇怪?按照我们自己的宣传,西屋电气的第一台机组AP1000将在中国设立。我们中国怎么这么牛啊?甚至我们媒体还感觉好得不得了,纷纷评论说美国到2016年才有第一台机组,我们现在开始就有第一台机组了。这时候你应该得意还是应该感到恐惧?如果是全世界最先进的核电技术的话,为什么第一台机组不在美国而在中国呢?你不觉得这些很可疑吗?美国凭什么把最好的给我们?我们这是感觉过于良好了。我认为这就是我前面讲的——为美国的前期研发买单。

首先,我们看看它这个技术到底先不先进。2005年到21006年之间,美国政府审核AP1000的技术,然后没过关、重新修订,2007年再次申请,2009年才通过美国政府的审核。但是我们在2009年3月就开始建设了,那我们是什么时候引进的?2004年9月份我们就开始招标,2006年12月份招标结果公布,美国西屋成了最后的赢家。2007年3月就决定在浙江三门和山东海阳建设四个机组。看到没有?美国的技术是2009年才过关,而我们在2006年人家技术还没过关的时候,就已经通过了技术审查。

而且美国总共有7个州想用这个设备,包括南卡罗来纳州、北卡罗来纳州、乔治亚州、佛罗里达州,等等。但是到了2010年的现在都还停留在设计、选址的阶段。而且还需要听证,看看当地老百姓同不同意。所以对美国人而言,设计、选址要两年半,老百姓的听证要一年,加在一起三年半。为什么?为了安全。再看看我们,只花了仅仅三个多月就通过了。所以我们不得不承认,我们中华民族是最大胆的民族,我们是无所畏惧的,我们不怕核能灾难。甚至人家技术还不成熟的时候,美国政府还没通过的时候,我们中国就领先三年通过,因为我们领先全世界"预测"这个技术是可以过关的。结果我们要开始建设的机组是在美国还没有建设的,在美国还在环境评估,还在设计当中,还在选址当中。更可笑的是什么?是在这么多核电站里面,有6个还没举行听证,真正举行听证的也不过只有一个。

我们打算以AP1000来一统中国的核电建设技术路线,将来可以将这4个机组的技术复制到其他无限多的机组,希望在2020年建设成为4 000万千瓦的核电能力的规划目标。我发现"大跃进"的思想又来了,看看把我们这个民族给聪明的。请你想想,国际能源机构的报告写得很清楚,一个国家要完全国产化一个核电标准需要50年,是我们说复制就能复制的吗?而且我们这30年来也搞了不少合资汽车是不是?但是合资30年之后,我们掌握核心技术了吗?制造汽车总比制造核电站要简单吧。制造汽车的核心技术你合资30年之后都没掌握,搞个核电3年之内我们就"大跃进",就完全复制到中国,到2020年全中国都要用AP1000?我看我们这些专家疯了。五、8000亿,就这样拱手让人了

背景提示

2010年6月21日上午10时28分,山东海阳核电项目二号机组核岛正式开工,至此世界首批AP1000四台机组全部正式在中国开工建设。美国西屋公司AP1000技术,被我国专家评定为世界上最先进、最安全、最经济的第三代核电技术。正是相信其安全、经济,有关专家表示,"在AP1000技术应用上,中国不仅第一个吃螃蟹,而且还第一次就成批量吃了4个螃蟹"。此前中国正在运行的11座核电机组,核电技术都属于第二代或二代改进技术,对于引进的AP1000三代技术,有关核电企业设计了"三步走"战略:第一步,外方为主,中方全面参与;第二步,中方为主,外方支持;第三步,全面自主创新,形成具有自主知识产权。那么,如何看待AP1000的国产化与相关经济效益呢?

我们真的决定推广这种不成熟的技术的话,那便宜还好。虽然国际招标方案当初是以每千瓦1 800~1 900美元上报中央批准的,但负责引进的国核技公司已要求业主准备按2 000多美元每千瓦的价格来接盘,而且还附带了一个令人忐忑不安的条件——"上不封顶"。要知道,由于AP1000存在着难以预料的技术风险,最后的实际成本很可能会更高。据中国核能动力学会经济专业委员会主任温宏钧2008年10月20日发表在《商务周刊》的文章《第三代核电变贵了》介绍,在美国三个AP1000核电站,每千瓦投资的预算均在4 300美元以上;采用法国EPR技术的两个核电站已开工,芬兰的工程由于屡次延误工期,其预算已经攀升到每千瓦4 200美元左右,法国本土工程的预算是每千瓦3 500美元左右,但2008年5月因严重质量问题被核安全机构责令停工整改,近一个月后才复工,成本上升难以避免。

与昂贵的外国第三代核电站相比，相同水平自主设计的秦山二期核电站每千瓦1 360美元；采用四台CRP1000机组的辽宁红沿河核电站每千瓦1 662美元。这些真实数据显示引进核电的成本至少将是自主建设的三倍。

背景提示

自1978年开始，我国就决定从高起点起步，向国外购买先进核电技术，推进国内核电事业发展。承担这一历史任务的中国广东核电，通过引进、消化、吸收、创新，到1994年大亚湾核电站1号机组建成投产时，已初步形成自己的工程管理和运行管理队伍，为我国百万千瓦级商用核电站自主化和国产化积累了经验。至1997年5月开工建设的岭澳核电站一期时，中国核电已开始了初步的自主创新。不到30年时间，经过循序渐进、持续改进、自主创新，我国已形成具有自主品牌的百万千瓦级二代改进型核电堆型——CPR1000，总体性能达到国际同类型在役核电站先进水平，该堆型的设备国产化率达到60%～70%。那么，继二代堆型之后，我国有没有更为先进的核电技术呢？

虽然我对中国的工业创新一向是抱怀疑的态度，但是核能方面我必须得说中国比美国先进，因为我们已经掌握了第四代技术。读者晓得这有什么差别吗？核能的前三代技术的基础是一样的，和第四代完全不同。我用一个我们老百姓都听得懂的例子打个比方，前三代核能可以被理解为油墨打印机，而第四代叫做激光打印机，就差这么多。讲得更专业一点，前三代核能技术要插入控制棒才能降低核反应堆的高温，但是，前苏联的切尔诺贝利核电站和美国的三里岛核电站都曾经发生过核电厂爆炸案，原因就是控制棒本身被核能的高温熔化了，所以发生核电站爆炸的事故。而我们掌握的第四代核能完全不用控制棒,而叫做高温气冷堆,利用空气冷却。

2002年。《核工程和设计》上发表了一篇文章,专门讲我们清华大学的一个项目,叫10兆瓦模块式高温气冷堆。这个高温气冷堆概念的原创者之一叫娄纳,他说了一句话,高温气冷堆是全世界第一个"固有安全"反应堆。什么意思呢?就是说,这是第一个第四代反应堆。虽然它非常小,但重要的是,它的所有部件和那些250兆瓦以上的原型堆,设计原理都是一样的,各位懂我的意思吧。到了2004.年9月30日,世界上的第一个模块式高温气冷堆,在北京搞了一个核安全的实验演示。当时,30多个国家的原子能专家一起看了这个演示。演示的名字很长,叫做"不插入控制棒下反应堆丧失冷却"实验。各位,这是全世界有史以来第一次用运行中的反应堆来做的演示,这说明什么?说明我们的核能技术排在世界前列。第四代核电技术国际论坛一共确定了6种堆型,由美国主导的叫做"超高温气冷堆"(VHTR),美国2001年的能源政策报告中提到的核电技术就是这个。等到清华大学的高温气冷堆建成之后,美国国会代表,还有美国的能源部长,都纷纷跑过来参观。

其实也就是说,我们的研究水平是非常厉害的,结果呢?我们竟然在第二次中美战略与经济对话中,同意与美国核安全管理当局合作,让美方参与中国首个工业规模的高温气冷堆示范工程的安全评审工作,共享安全评审方面的经验。而作为回报,美方愿提供他们有关评审AP1000的资料的经验。但是你别忘了,美国到现在都还没有一台真正运营起来的AP1000呢!换句话说,就是我们同意把我们最先进的第四代核能技术拿来和美国人分享,美国给我们的回报呢?是继续把美国现在还没有开发出来的第三代核能技术率先在中国做活体实验,并且由我们出钱让美国人来评审美国现代技术,搞到最后,我们就这样把一个8 000亿元市场的份额拱手让给美国了，换来 AP1000 这么个已经落后的技术。我怎么都搞不明白，我们为什么总是喜欢干这种愚蠢的事情！

六、我们的让步，何时才能叫停

其实看不下去的不止我一个，现在各界也都对这个事情进行批评并提出了两个疑问。第一个疑问，难道我们非得进口吗？我来作个对比吧，2009 年 12 月 28 日，韩国财团击败其他强大对手，拿下了为阿联酋建造民用核电站的合同，这个合同价值 204 亿美元，是全球最大的核招标项目之一。此外，后续的服务还会有 200 亿美元的合同收入。这次我们中国从美国买的也是四个核电站，对吧？韩国卖给阿联酋的也是四个。人家韩国通过这笔生意赚了 400 亿美元，再看看我们，不仅没挣到什么钱，还因此放弃了 8 000 亿元的市场，这意味着什么？意味着我们连阿联酋都不如。另外一点，透过这个招标，我们也能看出来日本的高深之处。表面上看是韩国人夺标对吧？但是别忘了，这个韩国财团除了包括韩国电力公司、现代建设、三星和斗山重工外，还包括美国的西屋电气，而美国的西屋电气由谁控股？日本东芝重工，西屋电气。77% 的股权都是它持有的，当初日本人收购这些股权的时候，不过才 54 亿美元而已。再看看另外两个竞争者，分别是法国阿海珐和美国通用电气牵头的财团。实际上呢？阿海珐是和日本三菱重工合作的，而通用电气是和日立合作的。好，就算是我们喜欢美国技术，可为什么非要谈判呢？一通乱七八糟的谈判下来，结果就是送给美国 8 000 亿元。

背景提示

2009年8月5日,新华社发布消息称,原中核集团党组书记、总经理康日新因严重违纪,正在接受组织调查。2010年1月15日,康日新被开除党籍和公职。康日新领导下的中核集团在国资委中央企业名录中排第一位,有着"头号央企"的美誉。康日新因此被称为"中国核掌门"。康日新落马事件引发了中国核工业的深度反思。各方分析认为,我国在一些核电重大项目的招投标上,尽管制度设计得极为严密,但"人"的因素仍能发挥作用。中国在20多年的核电发展过程中,技术路线一直摇摆不定,这给了国外核电巨头鲸吞中国核电建设庞大蛋糕的机会,而我国自己拥有的核电技术知识产权却被日益边缘化。中国核电行业目前正处于体制性变革的十字路口,那么,行业的健康发展有没有更有效的模式,哪些国家的做法可以为我们提供借鉴呢?

第二个疑问,为什么我们能签下如此丧权辱国的条约? 我看腐败也是个重要原因。我给大家看个资料吧,这种腐败的东西太多了,我根本记不全。一是2007年年底,因核电招标中涉嫌泄密,中国技术进出口总公司原总裁蒋新生被中纪委"双规"。二是2008年年底,中国广东核电集团原副总经理沈如刚及集团20多人涉案被查。三是2009年8月5日,中国核工业集团公司党组书记、总经理康日新因涉嫌严重违纪,接受组织调查。2010年1月15日,康日新被开除党籍和公职。有很多人对第二次对话抱有很大的期望,还期待能通过这次对话把这些贪官误国签下的条约都修正过来呢,结果呢? 我们大家不是一般的失望了,这些人可恶得很,非但没有拿回我们应该拿回的东西,却说要继续加强两国在AP1000项目上的合作!

这些批评虽然中肯,但还是没有理解到问题的核心。美国发起贸易大战,计划在2010年4月15日将中国列入汇率操纵国,其实就是把贸易大战当做一种手段,汇率大战才是真正的目的。而我们为了避免汇率大战,就必须让出金融核弹头以及庞大的新能源市场。我很理解我们政府,因为我们别无选择,美国就是个新帝国主义国家,唉,还是毛泽东理解美国,他说,帝国主义的本质是不会改变的。看看美国商务部长骆家辉访问日本的时候,怎么回答日本的媒体的,他说,"美国经过多方面的考虑,认为目前条件还不成熟,所以不考虑给予中国市场经济地位了。"正如同我所想的。他们毫不犹豫地就把这个大礼物收回去了。2010年6月10日,在美国参议院听证会上,美国财政部长盖特纳受到议员的炮轰,批评他没有对人民币施压。他的回答挺熟悉,他说,人民币汇率是中国的内政,他们不应该怎么怎么。参议院气得要立法压迫人民币升值。美国总统奥巴马竟然暗示这个立法的提案会在众议院被否决。他们两个人怎么会那么够意思呢?道理很简单,吃人家的嘴软、拿人家的手短,他们就是脸皮再厚,也得顾及点吃相,不能太难看了吧。不过,奥巴马绝不是省油的灯,6月18日,奥巴马写给6月26和27日召开的20国峰会的其他领导一封私人信件,敦促他们在峰会上对人民币施加压力。哈哈,自己不好意思施压,所以请别的国家对人民币施加压力。我相信是中美双方唱双簧,6月19日,中国人民银行宣布采行更具弹性的汇率调整措施,自6月21日开始,人民币缓慢升值了,所以免去了峰会上被"围剿"的场面。一个月之后的7月底,人民币由6.83升值到了6.77。7月8日,汇率大战结束,一切正如同我所料,美国财政部宣布,7月15日的审判日,美国决定不将中国列入汇率操纵国,因为我们已经是赔了两个夫人(一个夫人是金融核弹头,另一个夫人是新能源)又折兵(汇率还要升值)啊。

延伸阅读

日本的反省：依赖美国的罪与罚

2008年11月25日日经平均指数为8 323点,若将2007年7月最后一周的日经指数的平均值16 978点定为100,则2008年11月25日的股价水平仅为49.0。2008年11月25日道琼斯平均指数是8 497点,若将2007年7月最后一周的道琼斯平均指数13 182点定为100,则2008年11月25日的股价水平为64.3。

由此可见,日本的股价跌幅远高于美国。当然,这种计算结果在不同时间段之间进行比较时,会得出不同的值。尽管如此,选取任何相同的两个时点进行比较,都会得出日本的股价跌幅大于美国的结论。

为什么日本的股价会如此暴跌呢？以下几种说法很值得我们思考。

其一是"对岸失火"说。但如果仅是"对岸失火",日本的股价并不会如此暴跌。从现在发生的一切来看,问题的实质不仅仅是"美国的次级贷"问题,而是日本经济本质的问题。因此预计今后日本产生的问题会比美国更严重,日本股价跌幅会更大。只要我们能虚心坦诚地接受市场传递的信号,必然会得出这样的结论。

其二是"外资出逃"说(因改革意愿不强而引发外国投资者出逃,进而导致股价下跌)。外国投资者出逃是事实,但日本企业业绩恶化才是真正原因,并不是因为改革意愿不强("改革"只是政治口号,并不能改革日本的企业和日本经济的本质)。再有,因外国投资者卖出日本股票后将资金带回本国,这会导致日元贬值,而实际情况是——日元还在升值。因此,这种说法也过于草率,要理解日本股价暴跌的原因,还是有必要考察日本经济的运行机理,因为这和国际资本流动紧密相关。

自 20 世纪 80 年代以来,世界经济经历了黑色星期一、亚洲金融危机、长期资本管理公司的衰亡、IT 泡沫破裂等重大危机事件。这些事件对于危机的当事者来说是非常严重,但从世界的大版图来看只是一个局部事件。90 年代日本经济泡沫破裂也是二战后日本最大的经济危机,但对世界经济的影响并不大。与日本的经济泡沫破裂相比,此次危机对世界经济的影响更深、波及面更广。

本文摘自[日]野口悠纪雄的《日本的反省:依赖美国的罪与罚》

第十六章
为什么德国人这么不讲理

德国总理铁娘子带来庞大代表团访华,居心何在?

德国人要的是中国的市场,但技术不分享。

5 000亿美元的中国政府采购大单又被德国人盯上了。

完全承认中国的市场经济地位可谓痴人说梦。德国是我们并不真正了解的对手。

一、又一个庞大的代表团来了

我发现,我们中国这片土地很是吸引人啊,我们刚刚辛苦地结束了第二次中美战略与经济对话,好不容易送走了美国庞大的200人代表团,还没有喘口气呢,2010年7月中旬,德国总理默克尔就又带领一个庞大的代表团来中国了,说是来访问的,看看这阵势,他们这回包了3架飞机,飞机上坐的都是什么人呢?我给读者列个名单:大众汽车的总裁文德恩、空客的总裁恩德斯、巴斯夫总裁贺斌杰、西门子总裁罗旭德、麦德龙总裁考德斯、亿昂总裁蒂森、SMS集团总裁魏尔斯、商业银行总裁布莱辛,等等,一共25家企业巨头,除此之外就是几乎一半的德国政府内阁成员,还有众多议员。

我们现在的自我感觉简直好得不得了,哎哟,这么多要员一起访华,可见是对我们的经济发展成绩多么艳羡啊,可见我们的确崛起了!不过根据我对新帝国主义的理解,这事情可没有那么简单,所以我心中又有种不祥的感觉了。不知道这回这位铁娘子带着这么大的一个代表团来访,又打算给我们带来点什么呢?

我们真是个感觉良好的民族,真敢往自己脸上贴金。媒体对默克尔的评价简直好得不得了,看看媒体都选取哪些方面进行报道的,默克尔来中国都说些什么?我摘几句给大家看看。"西安是中国历史文化的一部分,我对自己能来到这个历史悠久的城市感到非常高兴";"大单代表我的心。中德再度'蜜月'"……除此之外,我们还广泛报道了一个不知道源头的演讲,说默克尔本人2010年早些时候曾在一次演讲中表示,"我们必须学会了解中国,了解其伟大的文化和巨大的未来潜力"。

完全是胡乱煽情，媒体也就罢了，更让我生气的是，我们的专家感觉也好得不得了，比如现代国际关系研究院欧洲研究所所长冯仲平，他说什么呢？他说："实际上从默克尔2005年上台，去年2009年10月份连任，这次到中国是第四次来访问了，这里面你可以看出默克尔，以至于德国政府中国观的一个变化。这里面我觉得有两个因素，其中主要的一个是经济危机、金融危机的影响，德国和欧洲受全球金融危机的影响很大，现在又是欧债危机，德国也是政府赤字比较高，也在推行紧缩政策。可以说金融危机使德国对中国的看法发生了变化。"

各位，你们不觉得奇怪吗？为什么默克尔对我们这么客气？要知道，连德国的企业领袖都学会对我们温总理突然发难了。按道理说，应该是默克尔更刻薄呀，毕竟这些德国企业还都有大笔投资在中国的呀？那个巴斯夫的董事长贺斌杰就抱怨说"被中国政府逼着公开技术"。还有西门子首席总裁罗旭德.也直截了当地讲"中国政府订单的采购规则不合理"。《华尔街日报》对此还做了个总结，说什么"批评中国政策，外企高管更加直言不讳"。

二、德国，一个我们并不真正了解的对手

实际情况是什么呢？其实人家早就明白了中国的决策体系，就算和地方企业的商业谈判进展得不顺利，想要的不平等条约死活谈不下来，那也没事儿，只要当着默克尔和温家宝的面儿大胆指责，一旦温总理被蒙蔽了，一句话立刻查办，他们就能把不平等条约拿到手了。比如巴斯夫在重庆投资的约 10 亿美元的 MDI（二苯甲烷二异氰酸酯）项目，他们总裁就在我们温总理那里抱怨，抱怨什么呢？他抱怨说，按照计划，国家发改委批文应在 2009 年年底通过，但目前，该项目仍在审批当中，比原计划整整推迟了半年。而且这个人竟然还指责，"强迫披露公司的技术机密作为交换进入市场的许可条件，会影响在中国的外国公司的投资决定。"狂妄得很！

表面上看，德国人还真委屈，你看人家国家发改委都批文了，你地方政府还不执行，所以肯定是你地方政府从中作梗，这就会影响你们中国的国际形象。可是真实的情况有这么简单吗？大家不要忘了，这可不是一个简单的代工厂，而是化工厂，一个会产生污染物的化工厂！要知道，在 MDI 的一般生产工序中，是需要先通过苯和硝酸的反应制造硝基苯的。硝基苯这个东西，毒性非常强，而且非常容易通过皮肤接触吸收，长期接触的话。会对我们的中枢神经系统造成严重损害的。大家还记不记得 2005 年的松花江污染事件？这个硝基苯就是造成那次污染事件中的主要污染物。

我们刚才说的这个 MDI 项目，它是个化工项目，是会有高污染、高毒害的，比如化工厂的废水、废渣，即使是经过处理了，处理之后往哪里排放

呢？重庆可是在三峡库区啊，在三峡库区是不是能搞个这么大规模的化工项目？这应该是件非常慎重的事情。而巴斯夫老总一句话就把重庆地方政府环境评估的种种努力全部抹杀了。好在温总理反应得快，他在会上重申中国欢迎德国进行投资，并劝说德国管理者保持冷静，他表示，将会对巴斯夫的项目做进一步的审查。

巴斯夫老板投诉我们在逼迫他交出知识产权，初听起来，好像是我们"市场换技术"策略的成功，但是如果我们回顾一下汽车行业，就会发现根本就不是这么回事，事实是我们不但没有学到技术，而且还把市场给丢了。刚改革开放的时候，大概是从1984年开始，我们先后有了北京吉普、上海大众、广州标致这三个合资轿车厂。到了1987年，我们国家才正式决定要建立自己的轿车工厂，接着一直到20世纪90年代初，天津夏利、一汽大众、神龙项目才先后上马，在这三个工厂中，除了夏利是引进技术的，另外两个也是合资企业。结果呢？中国轿车市场还是由进口车独霸，据统计，1984年进口车占了中国市场的95%,。咱们国产轿车再加上北京212型号的车子，总共不过6 000辆，剩下的都是进口车、走私车。那时的我们才真是"丢了市场"。那些年，每年北京开两会的时候，放眼望去，台阶下黑压压停的那么多车，有几辆是咱们中国产的？基本没有，几乎都是日本进口车。其实，丢了市场还不算可怕，可怕的是我们从来就没得到什么技术。

背景提示

科技部研究室主任梅永红：缺乏完善的制度和政策设计，"以市场换技术"导致的结果事与愿违；中国轿车工业在技术能力上长达20年的停滞不前，原因就在这里。北大政府管理学院教授路风说，真正的核心技术是买不来的；合资模式并不支持中国产生系统性的自主研发的能力，相反地,合资企业普遍存在严格的技术限制条款,他们会通过多种方式防止中方产生新设计能力。长安汽车集团副总裁朱华荣也表示,我们搞合资合作20年,在促进汽车产业发展的同时,还有一个严肃的问题没有解决,"就是缺乏自主创新能力,缺乏核心的技术和自主的品牌。以市场换技术实际上没有达到我们的预期。我们谁换来了技术?"

德国人对我们的技术钳制简直是不可想象的。奇瑞刚刚生产出第一款车时,大众就购买了一批车运送到德国进行研究,结果发现有部分零部件与一汽大众生产的捷达可通用。德国大众马上就要求一汽大众所有配套商停止给奇瑞配套。当时。奇瑞为了上目录还挂在上汽集团名下,德国大众通过上海大众向其合作伙伴上汽集团施压,要求上汽停止奇瑞该车型的生产。有些人跑出来说,我们不是合资了吗?这样不是还有品牌了吗?还说这个合资,是充分利用了和平发展的大环境和全球汽车产业重心东移的契机,说什么50对50的股比,是外资不可逾越的红线,中方大都是骨干国企。他们还拿当时一汽大众合资的事来证明他们说的是对的,他们说中方占60%的股份,大众占30%,奥迪占10%,说明我们透过这个合资并没有丢掉什么,我们根本不是那些跨国公司的附庸。一副振振有词的样子。我不知道这些人说这些话的目的是什么。我给大家看个数据,先看下汽车制造业的关键领域,也就是发动机、变速箱这些核心零部件,跨国公司的市场份额是多少?90%。零部件呢?60%以上;而且在轿车零部件行业,已经达到80%以上了。看到这些数据,还能说我们没有失去什么吗?我们已经失去了最重要的东西。就是市场的主体地位,而我们中国的汽车业就是这样一步一步地被"掏空"了。

这还只是制造能力,你说没技术也就算了,更让人揪心的是,我们现在连营销都没有了。就说华晨宝马吧,2003年的时候,华晨与宝马成立了合资公司,之后,宝马在中国走的是畅通无阻。你是不是以为这样宝马就满足了?没有那么容易,它们想要的可不止这些,它们想要的是全面掌控这个合资公司,到 2007 年,宝马要更换华晨宝马的总裁,它们就趁这个机会,将合资公司的销售权划到了宝马大中华区。然后又将市场推广、品牌传播、广告投放和渠道管理等等,全部拿下,它们就这样很轻松地达到了目的。这就是德国人干的事儿。

那么再来看看这次德国代表团访华,我们又向德国开放了多少市场。西门子股份有限公司与上海电气集团股份有限公司签署了 35 亿美元的协议,用于研发汽轮机和发动机。戴姆勒股份公司及戴姆勒东北亚投资有限公司与北汽福田汽车股份有限公司签署了合资生产中重型载货汽车及发动机项目的合作文件,涉及金额达到 63.5 亿元。连地方都已经选好了,在北京怀柔,预计年产 10 万辆整车和 4.5 万台重型柴油发动机。除此之外,中德还签署了一份 1.24 亿欧元的协定,用来鼓励节能减排。

好,就算我们当初没有像样的轿车生产线,所以用市场换技术还算是情有可原,那么重型卡车呢?要知道,我们 50 年前就有了一汽解放、二汽东风这两个自主技术卡车厂。再看看我们现在的卡车市场,真让人觉得害怕,基本上都成合资企业了,每一个企业背后都藏着一个不怀好意的外资企业的身影。我给你们看一份资料,看看我们的八个主要卡车企业都和哪些外资合资了。占市场份额最大的一汽解放背后是德国道依茨、中国重汽的背后是德国 MAN、东风汽车背后是瑞典沃尔沃卡车、陕汽背后是美国康明斯、北汽福田背后是德国奔驰、北方奔驰背后是德国奔驰和韩国现代、上汽重汽背后是意大利依维柯、江淮汽车背后是美国卡特彼勒。也就是说,在这八个主要企业中,也就陕汽背后有中国潍柴,但还是和美国康明斯有个合资工厂,其他的全部沦陷了。还有一个有意思的现象,就是我们发现德国企业几乎占据了半壁江山。最值得我们冷静的是沃尔沃。我们吉利汽车收购了沃尔沃,我在本书第十二章里详细地说了这件事情,对于这个人家二十多年前就不要了的轿车业务,我们还花那么多钱买回来,要知道,真正有技术含量和国际竞争力的卡车业务一直还掌握在沃尔沃集团手里呢。可是你看我们的志得意满,洋洋得意,自我感觉真是太良好了。

三、5 000 亿,德国人的又一个目标

我还想提醒大家注意的是,仅仅投资是满足不了德国这些企业的胃口的。它们想要的还有很多,比如我国的政府采购市场,现在也已经被它们彻底盯上了。按照经济合作与发展组织(CECD)的测算,中央与地方政府采购金额,一般都占到 GDP 的 10%~15%。具体到我国,2009 年底,政府采购占 GDP 的比例只有 2%。如果扩大到 10% 的话,至少是 5 000 亿美元。这么大的一个市场,这么肥的一块肥肉,他们怎么可能放过呢?为了拿到这块市场,德国企业家使出浑身解数,他们透过媒体、透过跟随政府访问的形式,向我们中国政府高层频频施压,目的就是要争取最大的利益,还是我说的那句话,这些新帝国主义的贪婪本性从来没有改变过。

那么他们能不能成功呢?能!他们聪明得很,因为他们也计算过,如果中国加入政府采购协议,中国也能享有其他政府采购协议成员的对等的政府采购准入。这个市场在 2008 年的规模大概在 1.6 万亿美元,其中 1 万亿美元的市场来自美国。我们换位思考一下,中国是愿意保护国内的政府采购市场呢,还是更愿意让中国的企业进入另一个 1.6 万亿美元的市场?目前来讲,德国生产的,比如奔驰、宝马、奥迪,哪个市场的潜力最大?答案很明显,肯定是中国。奔驰的母公司戴姆勒称,它在中国市场的销售量在 2010 年 6 月达到 1.37 万辆,同比飙升 177%。当然,这其中是有欧元下跌的因素,但是,我相信这对于原本就买不起车的人来说,根本没有什么吸引力。从历史数据看,戴姆勒—奔驰车在中国的销售量,在过去 4 年竟然增长了 280%。而且在 2009 年,看下"2009q010 年中央国家机关汽车协议供货汽车厂商名单",华晨宝马汽车有限公司的宝马品牌

和北京奔驰—戴姆勒·克莱斯勒汽车有限公司的梅赛德斯—奔驰品牌都出现在这份名单里,这意味着什么?这就意味着这两大全球豪华车品牌开始正式进入中央政府公务车的采购清单了。

四、市场经济地位到底有多难

好了,德国想要的投资、想要的政府采购协议都到手了,那么作为交换,我们总应该得到点儿什么吧?对于我们中国来说,想要的是什么?承认中国的市场经济地位!为什么?因为没有市场经济地位,就不可能在国际贸易纠纷中占据主动地位,中国出口企业在面临反倾销诉讼的时候,就会非常被动。我们中国动不动就被美国、欧盟以反倾销的名义起诉。什么是反倾销?就是如果你在德国卖产品,为了抢占市场,你把你的产品的定价定得很低,有时定价甚至比成本还低的话,那么德国就可以起诉你,他们可以惩罚性地征收高比例关税。倾销的关键就看成本和售价的差价,但是成本又是怎么决定呢?比如,德国会说因为中国不是市场经济,所以你们市场的人才、生产资料就不是在市场经济环境下运作的,因此成本不真实,价格也不能反映市场需求。怎么办?那就找一个第三国,或者说是替代国的市场价格来代替你中国的价格,比如印度、巴西。他们甚至可以找毫不相关的发达国家的价格来代替你中国的价格。你说这不合理也没用的,谁叫你不是市场经济呢?20世纪90年代欧盟对中国的彩电反倾销,就是将新加坡作为替代国来计算我国彩电的生产成本。要知道,当时新加坡的劳动力成本高出中国20多倍,所谓的"正常"价格肯定比中国彩电在欧洲的销售价格高得多,但人家欧盟才不管你这些理由呢,人家就以新加坡的数据为依据,就给你扣上"低价倾销"的帽子了,你能怎么办?2010年6月,欧盟对我们瓷砖反倾销案也是如此,他们把替代国选为美国,结果算出来我们瓷砖价格倾销幅度高达430%。

既然是这么好用的贸易战工具,德国人怎么会轻易让给我们呢?我们真是太天真了。如果你就喜欢看国内报纸的话,你肯定觉得我们这回赢了,"中德两国2010年7月16日发表联合公报《中德关于全面推进战略伙伴关系的联合公报》,将全面推进中德战略伙伴关系。公报中,德国表明积极支持欧盟尽快承认中国的完全市场经济地位。"你看《第一财经日报》的标题是"德国首次提出支持欧盟承认中国市场经济地位"。还有《证券日报》说"德国敦促欧盟承认中国完全市场经济地位"。

那么实际的情况呢?如果大家去看德国联邦政府的新闻通告,就会发现德国非但没有承认,反而是坚决反对承认。我们看下德新社的报道,德国总理默克尔怎么说的?她说,目前对欧盟而言仍没有可能承认中国的市场经济地位。在同我们温家宝总理会晤后,有媒体就问默克尔中国是否能够得到市场经济地位?她的回答是什么?她说:"我相信,我们还没有到达这一步,中国对知识产权的保护以及市场准入等问题还有待澄清,我们必须能够确信,不发生歧视现象。"不过铁娘子口中的知识产权的保护以及市场准入可不是一般的问题。她的意思很清楚,那就是德国必须保护知识产权,中国不能用市场换技术。此外,市场准入她指的是准许德国人进入中国的政府采购清单,以及允许德国公司进入中国的自主创新领域。也就是说,他们要的,我们都给了,但是我们要的,他们现在还给不了。真正是可恶至极,欺人太甚!

但是我们却激动得不得了,我们说什么呢?说这个公报是中德之间的第二份联合公报。德国的外交部网站上是提供英语、法语、西班牙语和德语四种语言服务的,而我们之间的这份"重要"公报却只有德语版本。而德新社的报道更是非常随意,非常的轻描淡写,只是说在一份联合公报中双方称"德国将为欧盟承认中国的市场经济地位继续做出积极努力。中国将就这一问题同欧盟继续展开频繁对话"。这显然只是一个外交辞令嘛,德国根本没有做出任何承诺。但是我们中文版的公报里对应的说法是什么呢？说"德方将积极支持欧盟尽快承认中国完全市场经济地位，中国将与欧盟就此继续对话"。我搞不清楚，这到底是我们的翻译搞错了呢，还是在有意误导群众？

问题是对话并不等于承认，也不等于有任何承诺。因此，德新社的说法是，默克尔说，如果中国对此采取相应措施，她将为达成"公平、目标明确的谈判"而做出努力。但是，从巴斯夫的架势来看，你觉得他们真正给我们完全的市场经济地位，又要收取多少额外的买路钱呢？就算是德国给了我们完全市场经济地位，我们得到的实惠也比不上德国得到的实惠。各位读者不要忘了，德国在2009年以前是世界第一大出口国。英国《金融时报》就报道说，在美国和欧洲许多地区的需求依然疲软的背景下，德国制造商认为，德国这个欧洲最大经济体不断加速的复苏，是由中国推动的。事实证明确实如此，德国2009年出口虽然下降了18%，但对中国的出口却上升了7%。中德双边贸易额1 057亿美元，相当于中欧贸易的四分之一。就拿纺织行业来说吧，全世界的纺织业几乎都在中国。但我们中国的纺织机械是从哪来的？我告诉你，几乎完全来自于德国。像我们经常听到的中国服装品牌，什么利郎、杉杉、雅戈尔，等等，它们的机器设备很多都是来自德国的。即使在2009年，德国出口到中国的纺织机械也达6.28亿欧元，是第二大市场印度的4倍。还有制鞋行业，中国是鞋类产品的最大出口国，欧元贬值、人民币升值之后，我们56%的企业濒临亏损；而德国作为制鞋与制革设备的最大出口国家，欧元贬值后出口大幅度增加。

这就是德国，这才是真实的德国，一个我们并不真正了解的对手。

延伸阅读

华尔街阴谋

博士是华尔街上市公司老板,他记得很清楚,"9·11"后,有几天关市,恢复开市后,市场在一周内创下60年来的最大周跌幅。这并非全是"9-11"的因素,很大程度上是网络泡沫破灭的最后一击。有人——我们就称其为"市场先生"吧,市场先生认为股市像温暾水,需要"外科手术式"的打击,于是有了"9·11"。

目前的公论是,"9·11"是阿拉伯贵族本·拉登组织的恐怖袭击,本·拉登是中情局培养的阿拉伯黑手,8年过去,不管动用多少高科技,美国始终抓不到本·拉登。于是有风声说,该人早已死亡。如同肯尼迪被暗杀一直没有真相,"9·11"的真相也淹没在风声中。

"市场先生"的提法最早是价值投资之父本杰明·格拉汉姆倡导的,他的学生巴菲特经常在他的年度股东报告中引用无处不在的市场先生概念。市场先生就是股市,股市每天都在变化,他的看不见的手偶尔会一展峥嵘,露出庐山真面目,那就是"造市先生"。

博士公司的股票经过安东尼一样的造市者鼓捣,从几分钱涨到几十美金,又从几十美金经"9·11"划上一个省略号,像云霄飞车一样翻滚奔腾,最后戛然落地。

"9·11"那天,公司原来的"船长"已经离去,因为他知道了公司和行业的太多内幕。什么叫内线交易,很难界定。从前有一个邮递员被定罪,因为他把《商业周刊》的"华尔街内幕"先复印下来,据此交易后再把杂志派发出去。这个专栏每周介绍三只股票,星期四收,市后公开,通常这几只被点名的股票都会大涨。邮递员利用职务之便先睹为快,这种小虾米被定罪,比较起来,上市公司总裁了解的内幕才称得上是价值内幕。

"9·1l"当天,我正在打电话的时候,大楼忽然晃动起来,然后是很多玻璃破碎的声音,我对电话那头说:"等一下,好像出事了。"我站起来,昏头昏脑地转了几圈。

走廊里静悄悄的,没有一个人。走到消防楼梯,打开门,天啊,楼梯上全是人,但没有声音,大家都在往下走,很慢。气氛很诡秘。走了几层,有消防队员上来,全身负荷,他们往上走,我们往下。今天,我们知道了,这上去的几百名消防队员全部一去不复返。他们不知道,或者说知道也义无反顾。这些人是真正的英雄。

本文摘自[美]陈麦克(Max Pu chen)的《华尔街阴谋》